AMRA

MONIKA CARDINAL

KOSMISCHES WISSEN

von den Plejaden

Botschaften & Anleitungen

AMRA

Besuchen Sie unseren Shop:
www.AmraVerlag.de

Ihre 80-Minuten-Gratis-CD erwartet Sie.
Unser Geschenk an Sie … einfach anfordern!

Eine Originalausgabe im AMRA Verlag
Auf der Reitbahn 8, D-63452 Hanau
Hotline: + 49 (0) 61 81 – 18 93 92
Service: Info@AmraVerlag.de

Herausgeber & Lektor	Michael Nagula
Einbandgestaltung	Guter Punkt
Cover & Innenillus	Mystic Treasure
Layout & Satz	Birgit Letsch
Autorenfotos	Natalie van der Smissen
Druck	CPI books GmbH

ISBN 978-3-95447-651-0 (Buch)
ISBN 978-3-95447-658-9 (eBook)
ISBN 978-3-95447-665-7 (Hörbuch)
ISBN 978-3-95447-672-5 (Kartenset)

Videos mit Botschaften auf www.youtube.com/c/monikacardinal

Die folgenden gechannelten Bücher könnten Ihnen gefallen:
Christine Woydt, Saint Germain – Dein Aufstieg in die Meisterschaft
Pavlina Klemm, Lichtbotschaften von den Plejaden (9 Bände, 10 CDs)
Paula Himmelreich, Die Transformation der Menschheit (Sandalphon)
Gary R. Renard, Als Jesus und Buddha sich kannten (Arten & Pursah)
Horst Krohne, Die Geistige Schöpfung des Lebens (Geistheilung)

Dieses Buch ist meiner Familie und den Menschen gewidmet, die mich begleitet haben. Ihr habt auf eine Weise Glück in mein Leben gebracht, die ich nie für möglich gehalten hätte.

Ich bin dankbar dafür, euch in meinem Leben zu haben, und ich freue mich darauf, mit euch das Licht in die Welt zu bringen. Im Leben wachsen wir ständig und entwickeln uns weiter.

Manchmal ist es schwer, mit den Veränderungen Schritt zu halten, aber ich weiß, dass ich mit der Liebe und Unterstützung meiner Familie alles durchstehen kann.

Dafür bin ich sehr dankbar – jedem Einzelnen von euch.

Inhalt

Ihr lieben Lichtmenschen,

ich begrüße euch mit dem Licht-Segen, so wie die Bewohner der Plejaden es untereinander tun. Schon als junges Mädchen stand ich abends oft am Fenster und schaute sehnsuchtsvoll zu den Sternen hinauf. Besonders hatten mich die sieben hell leuchtenden Sterne der Plejaden fasziniert. Sie schienen mir, wenn ich von den Lichtern meiner Heimatstadt aus zu ihnen hinaufblickte, so viel näher und heller, als sie es in Wirklichkeit sind! Diese Sterne waren für mich schon immer wie ein zweites Zuhause und ich fühlte, dass sie einmal eine besondere Bedeutung für mich haben würden.

Durch meinen intensiven Kontakt zu den Sternen, der Kommunikation mit den Sternenwesen und den unzähligen galaktischen Schulungen habe ich schließlich meine Aufgabe erkannt, das Licht und das große Wissen dieser Wesen weiterzugeben. In unzähligen Heilsitzungen durfte ich so viele Menschen auf ihrem Weg zur Gesundheit oder in das Erwachen begleiten. Es war und ist mir immer wieder eine sehr große Ehre, auf diese Weise dem Licht dienen zu dürfen. Der stetige Kontakt mit den Sternenwesen hat mein Leben sehr bereichert und dafür bin ich unendlich dankbar.

Wenn ich den Plejaden einen Besuch abstatte, spüre ich ein Gefühl des Zuhauseseins, das auch nach all den Jahren nicht nachgelassen hat. Selbst jetzt, als Erwachsene mit all dem Wissen über den Kosmos, das mir zur Verfügung steht, erfüllen mich diese sieben Sterne der Plejaden immer noch mit Staunen und einem Gefühl der Sehnsucht. Ich weiß, dass ihre Energie immer bei mir ist, auch wenn ich sie nicht anschaue. Sie sind eine ständige Quelle der Unterstützung und Liebe und erinnern mich an meinen Platz im Universum. Ich bin so dankbar, dass sie ein Teil meines Lebens geworden sind!

So erhielt ich vor Kurzem den wundervollen Auftrag vom Galaktischen Rat, mit den Sieben Kosmischen Schwestern eine Licht-Schule zu channeln und ein Buch darüber zu schreiben. Das ist eine große Ehre, aber auch eine große Verantwortung. Ich fühle mich mit diesen Sternen und ihrer Energie sehr verbunden und es ist mir eine Freude, diese Verbindung mit euch allen zu teilen. Ich hoffe, dass wir durch diese Arbeit mehr Liebe, Licht und Heilung in die Welt bringen können. Vielen Dank an deine Seele, dass sie dich dieses Buch hat finden lassen.

In diesem Buch geht es um Liebe, Licht und Heilung. Es ist eine Botschaft der Plejader an die Menschheit für eine bessere Zukunft. Um sie an euch weiterzugeben, wurden mir Atre-i-eus und Aquajanaa von den Plejaden vorgestellt. Aquajanaa ist eine der Sieben Kosmischen Schwestern und von ihr werden wir mehr über die Weisheit der Plejader erfahren. Atre-i-eus ist ein Kommandant der Galaktischen Föderation, und er gehört zu der Gruppe der lichten Sternenwesen, welche die Sieben Kosmischen Schwestern ausgewählt und ausgebildet haben. Seine Botschaften sind weise und tragend, ich schätze ihn sehr.

Er sagt, die Botschaft aller Plejader ist eine Botschaft der Liebe und des Lichts. Sie sind hier, um die Menschen auf ihrer Reise durch das Leben zu unterstützen und ihnen zu helfen, sich an ihre Verbindung zum Universum zu erinnern. Die Plejader erinnern uns daran, dass wir alle miteinander verbunden sind und dass wir alle aus Sternenlicht gemacht sind. Wir sind alle ein Teil desselben Energiefeldes, das sie das Feld des Lichts nennen. Das Lichtfeld ist das, was uns alle miteinander verbindet und uns ermöglicht, telepathisch miteinander zu kommunizieren. Sie sagen, je tiefer wir Menschen mit dem Lichtfeld verbunden sind, umso größer ist die Chance, wundervolle Dinge erleben zu können. Wenn wir uns öffnen für die Unbegrenztheit des Seins, wird es auch uns möglich, aus der dritten Dimension hinauf in die höheren Dimensionen aufzusteigen. Die Plejader sind hier, um uns zu helfen, uns daran zu erinnern, wer wir sind, und um uns in unserer Entwicklung zu voranzubringen. Sie werden uns beim großen Wandel mit ihrem wertvollen Wissen liebevoll unterstützen.

In diesem Buch wirst du die Botschaften von Aquajanaa und von Atre-i-eus lesen. Aquajanaa wurde vom Galaktischen Rat auserwählt, die Sieben Kosmischen Schwestern zu führen. Sie sagt, das Licht, das von den Sternen ausgeht, erinnert uns daran, dass wir alle eins sind. Wenn wir uns an unsere Verbindung zum Universum erinnern, öffnen wir uns für die grenzenlosen Möglichkeiten eines höheren Bewusstseins. Sie sagen, die Liebe der Plejader ist dafür da, um uns auf unserer Reise in das Erwachen nach Hause zu unterstützen.

Und ich möchte dir danken, dass du Teil dieses Buches bist!

In Liebe und Licht,

Monika Nirijanaa Cardinal

Vorwort: Wie alles begann …

Eines Nachts hatte ich einen wunderbaren Traum. Darin sah ich am Nachthimmel sieben Planeten oder Sterne, die hell leuchteten. Eine Stimme sprach zu mir, und sie sagte etwas, das sowohl faszinierend als auch verblüffend war: »Du hast sieben kosmische Schwestern.« Sie sagte weiter, dass diese mit mir eine Schule eröffnen möchten, um den Menschen zu helfen, etwas über ihre galaktischen Verbindungen zu lernen und ihre Sternenfamilien zu finden. Die Energien in diesem Traum waren so kraftvoll und aktivierend, dass ich spüren konnte, wie meine Verbindung zum Kosmos sich zu verstärken begann.

Ich wusste genau, dass diese Botschaft mein Leben verändern würde und war sogleich hellwach. Ich spürte, wie meine Verbindung zu den Plejaden sich um ein Vielfaches verstärkte, und daher wusste ich auch, dass dies ein wichtiges Ereignis in meinem Leben war. Ich war bereit und wollte die Sieben Kosmischen Schwestern kennenlernen, um mit ihnen für das Große und Ganze zu wirken. Dabei fühlte ich mich so sehr geehrt, ein Teil der galaktischen Schule zu sein, dass mir Tränen in den Augen standen. Mein Herz begann wie wild zu schlagen, während ich in den Himmel schaute.

Es war eine sternenklare Nacht, in der ich träumend am Fenster saß und die Sterne betrachtete. Als ich dann meine Augen schloss und zu meditieren begann, hörte ich ein Surren über meinem Kopf. Neugierig schaute ich nach oben und konnte ein Lichtschiff des Galaktischen Rates erkennen. Es war ein erhebendes Gefühl, dieses lichtvolle Objekt so nah bei mir zu haben. Es drehte einige Kreise und bewegte sich für mein Verständnis sehr langsam, bis es genau über meinem Haus halt machte. Mir blieb vor Schreck fast das Herz stehen, als eine tiefe männliche Stimme zu sprechen begann.

Ich wusste es zu diesem Zeitpunkt noch nicht, aber ich lauschte den Worten von Atre-i-eus, dem Kommandanten der Galaktischen Flotte. Gerne möchte ich dir nun Atre-i-eus vorstellen.

1

Wer ist Atre-i-eus?

Atre-i-eus ist ein Kommandant der Galaktischen Föderation und war dabei, als die sieben Schwestern ausgewählt und geschult wurden. Er ist von humanoider Gestalt und 2,33 Meter groß. Seine grünblauen Augen faszinieren durch eine unerklärliche Tiefgründigkeit, die man nur bei den Plejadern findet. Sein Kopfschmuck besteht aus einem uns unbekannten Kometenmetall und trägt golden glänzend die Zeichen seines Ranges. Daran befinden sich zwei Antennen, mit denen er Nachrichten über große Entfernungen, schneller als das Licht, empfangen und senden kann. Er trägt eine Rüstung mit dem Zeichen der Vereinigung von Licht, Liebe und Kraft auf seiner Brust. Über der Rüstung trägt er einen bronzefarbenen Umhang aus Sternenstaub und seine Beinkleider bestehen aus kettenähnlichen Hosen. Seine Stiefel sind aus dem gleichen Material wie seine Rüstung und tragen ebenfalls das Symbol von Licht, Liebe und Kraft. Seine Aura ist blau und leuchtet sanft in dem gleichen Blau wie die sieben Sterne. Seine Erscheinung ist Respekt einflößend und ich schaute fasziniert in seine Augen, als er zu mir sprach. In diesem

Moment konnte ich es gar nicht fassen, was geschah, denn er zog mich in seinen Bann.

Hier ist die erste Botschaft, die ich von ihm erhielt …

Dass ihr euch erinnert, wer ihr seid

Sei gegrüßt mit dem Licht des Segens und höre meine Worte. Ich bin ein Teil der Galaktischen Föderation und darf heute diese Botschaft überbringen. Die Galaktische Föderation versucht den Menschen auf der Erde zu helfen. Sie hat sieben Kosmische Schwestern auserwählt und zu euch gesandt, die daran arbeiten, das Niveau positiver Frequenzen auf der Erde zu erhöhen und die Angstrituale der Gegenseite zu bekämpfen, die zunehmen, weil die Menschen in der gegenwärtigen Situation durch Einflüsse im Außen in einen negativen Energiestrom hineingezogen wurden und noch immer werden. Zuerst breitete sich weltweit das Coronavirus aus und als sich ein allmähliches Einsetzen der Normalität abzeichnete, begann der Angriffskrieg auf die Ukraine. Wir glauben, dass wir anfangen können, Veränderungen zu sehen, wenn sich mehr Menschen zusammenschließen, um positive Schwingungen auszusenden. Bitte mach mit bei dieser Aktion! Wirke mit deiner Strahlkraft der Negativität entgegen, dem Gefühl des Unglücklichseins oder der Unzufriedenheit, das durch unangenehme oder schädliche Faktoren verursacht wird und durch das die Angst der Menschen immer mehr zunimmt.

Ich spreche zu euch im Namen der Plejaden, einem Ort des Lichts. Unsere Aufgabe ist es, euch dabei zu helfen, dass ihr euch erinnert, wer ihr seid und warum ihr hier seid. Wir sind viele mit nur einer Botschaft. Wir bringen euch Liebe

und Mitgefühl und erinnern euch an eure göttliche Natur. Ihr werdet mehr geliebt, als ihr euch vorstellen könnt. Ihr seid mächtige Schöpfer und habt der Welt viel zu bieten. Nehmt eure Macht an und nutzt sie für das Wohlergehen aller. Hört auf, euch klein zu machen, und zeigt eure wahre Größe, denn ihr werdet sehr geliebt und geschätzt.

Die Plejaden sind eine Gruppe von Sternen, die voller Licht am nächtlichen Himmel strahlen. Es gibt sie schon seit Jahrhunderten, und ihre Aufgabe ist es, die Menschen daran zu erinnern, dass sie geliebt werden. Auch wenn es manchmal schwer ist, wenn die Menschen nicht mehr wissen, wie Freundlichkeit und Dankbarkeit in dieser Welt aussehen, weil sie vergessen haben, wie wichtig ihr Leben ist, sind wir hier, um zu helfen. Wir haben eine Schule erschaffen – eine Schule, die sich nicht nur der Bildung, sondern auch der Erleuchtung verschrieben hat. Die Galaktische Föderation, zu der ich, Atre-i-eus, gehöre, bringt Liebe und Mitgefühl, damit jeder Mensch seine Kraft entsprechend seinen Fähigkeiten einsetzen kann.

Es lässt sich nicht leugnen, dass Krieg eine schreckliche Sache ist. Er zerstört Leben, reißt Familien auseinander und hinterlässt eine Spur der Verwüstung. Was aber viele Menschen nicht wissen, ist, dass Krieg auch einen spirituellen Preis hat. Ich, Atre-i-eus, ein Kommandant der Galaktischen Föderation, der in vielen verschiedenen Leben auf der Erde gewandelt ist, sagt, dass jede Form von Krieg die Frequenz der Menschen herunterzieht und sie daran hindert, den Weg zu gehen, der sie zum Licht führt. Das liegt daran, dass das Führen von Kriegen so viel Energie erfordert – Energie, die stattdessen für positive Zwecke verwendet werden könnte. Die gute Nachricht ist, dass ihr jetzt in einer Zeit des großen Wandels lebt und es für diejenigen, die sich an die alten Wege klammern, immer schwieriger wird, ihre Macht zu behalten. Früher oder später werden sie loslassen müssen und der Menschheit erlauben, in eine neue Ära des Friedens und der Liebe vorzustoßen. In der Zwischenzeit können wir alle unseren Teil dazu beitragen, indem wir denjenigen, die unter den Folgen des Krieges leiden, Licht und Liebe schicken und daran arbeiten, eine Welt zu erschaffen, in der Frieden die Norm und nicht die Ausnahme ist.

Vielen Dank für eure Unterstützung!

Ich sende euch den Segen des Lichts, um euch allen, jedem Einzelnen, meine Wertschätzung zu zeigen.

Eine Botschaft, die von Aquajanaa kam, erläuterte die Hintergründe …

Die blaue Aura der Plejaden

Wie wir auf der Erde glauben auch die Plejader an die große Kraft der Liebe und sie kennen die Macht der Quelle allen Seins des All-Einen, mit dem sie in ihrem Glauben, der Liebe und der Kraft des Lichtes vereint sind.

Die blaue Aura der Plejaden ist ein Zeichen der Hoffnung und der Einheit für die gesamte Menschheit. Der junge Atre-i-eus wurde bei seiner Geburt mit dieser Kraft gesegnet, und er hat eine Botschaft des alten Stammes der Plejaden für uns. Sie sind vereint in ihrem Glauben und ihrer Liebe zu allen Wesen und kennen die Kraft der Quelle allen Seins. Er sagt, die Menschen nennen sie Gott, doch sie hat viele Namen und eins ist gewiss, die Quelle ist für alles Leben in allen Multiversen der Schöpfer. Diese Leichtigkeit des Wissens soll auf uns übergehen, damit wir in unserem Glauben an das Gute vereint werden können und sich dadurch die Polarität aus der dritten Dimension lösen kann. Erst wenn dies geschehen ist, werden wir in die höheren Dimensionen gelangen können.

Atre-i-eus ist im Moment über tausend Jahre alt und ein wichtiges Mitglied der Galaktischen Föderation. Er hat schon mehrmals auf der Erde gelebt und weiß, wie es ist, ein Mensch zu sein. Er kennt unsere Lebensweise und unsere Ängste genau. Deshalb kann er auch sehr gut einschätzen, welche Unterstützung wir auf der Erde benötigen. In seiner Botschaft an uns sagt er, dass wir alle Formen des Lebens lieben und respektieren sollten, egal aus welcher Dimension sie kommen. Wir sind alle durch die eine Quelle miteinander verbunden, und daran sollen wir uns immer wieder erinnern, egal was passiert. Wir sind alle eins. Wir sind alle miteinander verbunden.

Die blaue Aura der Plejaden ist ein Zeichen der Hoffnung und Einheit für die gesamte Menschheit. Er sagt: Lasst uns daran denken, dass wir alle durch die Quelle verbunden sind, und lasst uns alle Formen des Lebens lieben und respektieren.

Und wenig später wandte Atre-i-eus sich mit einer Botschaft an jeden von uns persönlich …

Liebe heilt die Wunden eures Herzens

Geliebte Menschheitsfamilie, ich überbringe den Segen des Lichts und begrüße jeden Einzelnen voller Liebe und Respekt. Ich bin hier, um dich an deine Verbindung mit der Quelle zu erinnern. So kann ich dir sagen, du bist nie allein, denn du bist immer mit dem einen unendlichen Schöpfer verbunden. Du wirst über alle Maßen geliebt und wertgeschätzt. Die Liebe des Schöpfers ist grenzenlos, und sie steht dir in jedem Moment zur Verfügung. Du brauchst nur dein Herz zu öffnen und sie zu empfangen.

Ich lebte lange Zeit auf der Erde und weiß, dass viele Menschen die Liebe nicht zulassen möchten, weil sie Angst haben, verletzt zu werden. Aber ich sage euch, geliebte Familie, dass die Liebe das Einzige ist, was die Wunden eures Herzens heilen kann. Nur die Liebe kann die Leere füllen, die du in dir spürst. Nur die Liebe kann wahres Glück und Frieden bringen.

Öffnet also eure Herzen, ihr Lieben, und lasst die Liebe des Schöpfers einfließen. Erlaubt euch, Liebe zu geben und geliebt zu werden. Das ist der einzige Weg, die Wunden eurer Herzen zu heilen und das wahre Glück zu finden.

Ich bin Atre-i-eus, ein Bote der Hoffnung und der Einheit für die gesamte Menschheit, und ich bringe euch die Botschaft des Friedens der Plejaden mit dem Segen für euch alle. Wir, die Plejader, sind stets in der Nähe der Erde. Wir umkreisen mit unseren Lichtschiffen euren Planeten seit einigen Jahren und transformieren negative Energien, von denen es zurzeit sehr viele gibt. Wir arbeiten auch am Erwachen der Menschheit, denn wir

sehen, dass viele Menschen noch schlafen und die großen Veränderungen, die auf der Erde stattfinden, nicht erkennen. Aber wir haben Hoffnung, denn wir sehen ebenso, dass jeden Tag mehr Menschen aufwachen, und wir wissen, dass die Zeit kommt, in der die ganze Menschheit erwacht sein wird.

Das Licht hat schon so viel Kraft gewonnen, dank dir. Denn du und ihr alle, die dieses Buch lesen, ihr seid die Lichtarbeiterinnen und Lichtarbeiter, die sich entschieden haben, zu dieser Zeit hier auf der Erde zu sein, um beim Erwachen der Menschheit zu helfen. Ihr habt euch entschieden, den Weg der Liebe zu gehen, und ihr seid großartig darin. Leistet weiter so gute Arbeit, ihr Lieben! Die Zeit wird kommen, in der die gesamte Menschheit zu ihrer wahren Natur und Bestimmung erwachen wird.

Ich möchte dir auch noch sagen, dass wir dich sehr lieben und dich – wo wir können – unterstützen werden. Wir sind immer bei dir und du bist nie allein, denn du bist immer mit dem einen unendlichen Schöpfer verbunden.

Und wir von der Galaktischen Föderation sind hier, um dir zu helfen, deinen Weg weiterzugehen.

In der folgenden Botschaft von Atre-i-eus ging es um die Zukunft der Erde …

Das magnetische Gitternetz der Transformation

Seid gegrüßt, Bürger der Erde, ich sende euch den Segen des Lichts. Ich bin Atre-i-eus, Kommandant der Friedensflotte und Mitglied des Galaktischen Rates der Föderation. Es ist mir eine Ehre, heute mit euch über die Zukunft eures Planeten zu sprechen. In dieser Botschaft werde ich euch die Ergebnisse unserer jüngsten Untersuchung der Situation auf der Erde sowie unsere Empfehlungen für das beste Vorgehen mitteilen.

Wie du vielleicht weißt, ist der Galaktische Rat für das Wohlergehen aller Zivilisationen in unserer Galaxis verantwortlich. Jedoch haben wir ein bestimmtes Augenmerk auf die Erde gelegt. So beobachten wir die Situation auf eurem Planeten schon seit einiger Zeit und sind zutiefst besorgt über den Zustand eures Planeten. Eure Welt befindet sich in einer sehr prekären Lage und es ist zwingend notwendig, dass weitere Maßnahmen ergriffen werden, um den Kurs eurer Zivilisation zu korrigieren.

Wir haben zahlreiche Versuche unternommen, mit euren Regierungen Kontakt aufzunehmen, aber bisher waren unsere Bemühungen erfolglos. Es sind noch nicht die richtigen Menschen in diesen Volksvertretungen, und so funktioniert die Kommunikation im Moment nicht. Deshalb haben wir beschlossen, in Eigeninitiative weitere Lichtsäulen für euch aufzustellen. Mit diesen Lichtsäulen hoffen wir, mehr Menschen auf eurem Planeten zu erreichen und ihnen beim Erwachen zu helfen. Wir hoffen auch, dass wir durch die Lichtsäulen die Seelen der Menschen in den Regierungen erreichen können und dass sich so auch für sie ein Aufwachprozess und eine Bewusstseinserweiterung einleiten lässt.

Ihr wisst, wir achten den freien Willen aller Wesen und müssen warten, bis die richtigen Menschen so weit sind, damit wir mit weiteren Maßnahmen helfen können.

Die Lichtsäulen haben eine große Ausstrahlung und verbinden sich untereinander zu einem magnetischen Gitternetz der Transformation. Sie transformieren negative Energie überall auf der Erde und verhindern, dass noch Schlimmeres als Krieg geschieht. Unsere Lichtsäulen sind mit dem Erdgitternetz verbunden und halten die Schwingung der Erde so hoch, wie es geht. Das ist gerade in der aktuellen Zeit sehr schwierig und kostet sehr viel Kraft. Diese Kraft bekommen wir von eurer Sonne, sie dient uns als Batterie. Aber wir sind in unserem Handeln durch die karmischen Gesetze in der dritten Dimension noch sehr eingeschränkt und beobachten euren Fortschritt mit großer Spannung.

Unsere Lichtsäulen werden so lange auf eurem Planeten sein, bis genug dichte Energien transformiert wurden und alles in eine hohe Schwingung kommt und gehalten werden kann.

Die Zukunft der Erde liegt in euren Händen, in den Händen derer, die diese Botschaft lesen. Der Galaktische Rat ist hier, um allen Menschen zu helfen, aber wir können es nicht allein. Wir brauchen deine Mitarbeit, um deinen Planeten zu retten. Wir bitten dich daher, deine Lichtkraft ständig zu erhöhen, denn auf diese Weise wird die gesamte Erde in ihrer Energie erhöht. Dadurch wird der Planet in der Lage sein, einen Quantensprung zu machen.

Die Zeit ist gekommen, dass die Menschheit ihren Platz zwischen den Sternen einnimmt, und wir können euch dabei helfen. Aber es liegt an euch, ob ihr unsere Hilfe wollt oder nicht. Wir wissen, dass alle Menschen, die diese Botschaft lesen, schon dafür bereit sind und uns bereits erwarten. Wir wissen aber auch, dass erst ungefähr zehn Prozent der Menschen an uns glauben und bereit sind, unsere Hilfe anzunehmen. Dann gibt es noch weitere zehn Prozent, die sich nicht sicher sind und hin und her schwanken. Diese zehn Prozent werden als Nächstes erwachen und sich für uns öffnen. Die anderen achtzig Prozent befinden sich noch in einer tieferen und dichteren Schwingung, aus der sie erst selbst herauskommen müssen. Sie würden sich schier zu Tode erschrecken, wenn wir uns ihnen jetzt zeigen würden. Dies wäre nicht gut und ist so auch nicht im göttlichen Plan vorgesehen. Deshalb sind wir vorsichtig und wirken zunächst weiter im Hintergrund.

Wenn du zu den Menschen gehörst, die mit dieser Botschaft mitschwingen, bitten wir dich dringend, dieses Wissen mit so vielen Menschen wie möglich zu teilen, damit wir diejenigen erreichen können, die sie erfahren müssen.

Nur gemeinsam können wir deinen Planeten und dadurch dein Sternensystem retten!

In der Zwischenzeit bitten wir euch, weiterhin euer Licht und eure Liebe zu allen Menschen auf der Erde zu schicken, denn das ist in dieser Zeit sehr wichtig. Jeder positive Gedanke und jede freundliche Tat bringt mehr Licht in die Welt und hilft, die Schwingung auf der Erde zu erhöhen. Wir sind alle miteinander verbunden, und alles, was jeder von uns tut, wirkt sich auf alle anderen Menschen auf dem Planeten aus. Es ist wichtig, dass wir zusammenarbeiten, um eine Neue Erde zu erschaffen, auf der Liebe, Frieden, Freiheit und Überfluss für alle verfügbar sind. Wir wissen, dass du es schaffen kannst! Und wir sagen dir, dass du sehr geliebt wirst und wir immer bei dir sind.

Ich bin Atre-i-eus, Kommandant der Friedensflotte und Mitglied des Galaktischen Rates, und ich habe gesprochen. Ich danke dir für deine Aufmerksamkeit.

Der Segen des Lichts sei mit euch allen!

2

Wissen über die Plejaden

Bevor wir uns nun den Botschaften und Schulungen von Aquajanaa widmen, möchte ich dir noch einige allgemeine Informationen über die Plejaden geben.

Die Plejaden, auch bekannt als Atlantiden, Atlandiaden, Siebengestirn, Taube, Gluckhenne oder die Sieben Schwestern, sind einer der am leichtesten zu erkennenden Sternhaufen am Nachthimmel. Sie befinden sich im Sternbild Stier und können mit bloßem Auge gesehen werden. Ihre Sterne sind sehr hell und lassen sich am besten in klaren Nächten von Anfang Juli bis Ende April betrachten. Benannt wurden die Plejaden nach den sieben Töchtern von Atlas und Pleione in der griechischen Mythologie. Von den über tausend Sternen, die dieser Sternhaufen umfasst, sind aber nur die hellsten Sterne einzeln deutlich zu erkennen. Der allerhellste Stern des Haufens heißt Alcyone. Er ist etwa doppelt so massereich wie unsere Sonne und hat einen Durchmesser, der etwa 24-mal so groß ist wie der unserer Sonne. Außerdem leuchtet er etwa 700-mal heller als unsere Sonne. Nur etwa 430 Lichtjahre sind die Plejaden von der Erde entfernt und damit einer der erdnächsten Sternhaufen. Das bedeutet, dass das Licht dieser Sterne 430 Jahre gebraucht hat, um uns zu erreichen. Außerdem sind die Plejaden einer der jüngsten Sternhaufen in unserer Galaxis, mit einem Alter von etwa einhundert Millionen Jahren.

Die Plejaden wurden erstmals bei den Sumerern schriftlich erwähnt, bei denen das Siebengestirn als Sterne des Enki galten. Erst im zwölften Jahrhundert wurden sie dem Tierkreiszeichen des Stiers zugeordnet. Tagsüber sind die Plejaden nicht zu sehen, weil sie vom grellen Licht unserer Sonne überstrahlt werden. Die beste Zeit, um sie zu betrachten, ist kurz nach Sonnenuntergang Anfang Frühling oder im Spätherbst. Wenn du nach den Plejaden suchst, halte Ausschau nach einem kleinen Sternhaufen, der die Form eines »V« hat. Der einfachste Weg, sie zu finden, ist der Blick in den klaren Nachthimmel.

Du wirst dort zwei Sterne entdecken, die die Hörner des Stiers bilden, Aldebaran und Elnath. Wenn du dann einer Linie von Aldebaran zu Elnath folgst, siehst du die Plejaden genau über dieser Linie. Die beste Zeit, um den Sternhaufen zu sehen, ist Anfang Juli bis Ende April, wenn er hoch am Himmel steht. Dies ist auch eine gute Zeit zum Fotografieren.

Die Plejaden sind ein wunderschöner Anblick am Nachthimmel, und es lohnt sich auf jeden Fall, einen Blick auf sie zu werfen, wenn sich die Gelegenheit ergibt. Wer weiß, vielleicht wirst du dies nun öfter tun, nachdem du dieses Buch gelesen hast. Sie strahlen eine besonders liebevolle Energie aus und haben die Herzen der Menschen schon immer berührt. Seit dem Altertum sind sie bekannt und seit Jahrtausenden bereits Gegenstand von Mythen, Legenden und Gedichten. In Japan sind sie als Subaru bekannt und bilden das Logo des gleichnamigen Autoherstellers. Die Chinesen kennen sie als Fei Lian, und sie werden mit der Göttin Feng Bo in Verbindung gebracht. In der hinduistischen Mythologie sind sie bekannt als die Krittikas und sind die Ehefrauen des Gottes Soma.

Es gibt viele Geschichten und Legenden über die Plejaden, aber eine der bekanntesten ist wahrscheinlich die Geschichte von Orion und Artemis. Sie entstammt der griechischen Mythologie, wo die Plejaden auch als die sieben Nymphen bezeichnet werden, die Artemis begleitet haben sollen. Orion war ein Riese, der sich in Artemis, die Göttin der Jagd, verliebte und eifersüchtig auf die Plejaden wurde. Er verfolgte Artemis und die sieben Nymphen unerbittlich, aber sie waren nicht an ihm interessiert, und es gelang Artemis, ihn zu meiden. Doch dies war sehr anstrengend für sie, und schließlich flehte sie ihren Bruder Apollo an, ihr zu helfen. Apollo schickte einen Skorpion, um Orion zu stechen. Als Orion daraufhin starb, stellte Artemis ihn als Sternbild an den Himmel.

Die Geschichte besagt, dass Orion immer noch die Plejaden über den Himmel jagt. Das kann man in klaren Nächten von Oktober bis Februar sehen, wenn Orion und die Plejaden am Nachthimmel zu sehen sind.

Die Sterne der Plejader

Du weißt nun schon, dass die Plejaden ein Sternhaufen sind, etwa 430 Lichtjahre von unserer Erde entfernt, der von sieben Hauptsternen geprägt wird. Und doch gibt es innerhalb dieses Sternhaufens noch etwa 1.100 weitere kleine Sterne, die meist unbewohnbar sind. Auf dem Planeten Erramaa, der den Stern Seramaa umkreist, sind die Plejader ansässig, ein Zweig der Menschheitsfamilie. Sie werden von ihren Freunden, den Arcturianern, angeleitet, einer hochentwickelten verwandten Rasse von Wesen aus dem Sternbild Arcturus.

Jeder der sieben Hauptsterne im Sternhaufen der Plejaden hat seine eigene Bedeutung und seinen eigenen Zweck. Aquajanaa sagt, dass wir euch hier die Namen der Sterne nennen, wie sie der Lichtsprache der Plejaden am nächsten kommen. Dabei gilt der Heimatstern der Plejader, Seramaa, als der schönste Stern im im gesamten Sternhaufen.

Der erste Stern im Plejaden-Sternhaufen heißt *Taronaa*. Er soll der Ort sein, an dem Träume geboren werden, und wird oft als »Stern der Träume« bezeichnet. Träume haben eine sehr große Kraft und werden auf dem Planeten Taronaa sehr ernst genommen. Sie werden als eine Form der Weissagung und der Orientierung genutzt, denn aus ihnen entsteht die Wirklichkeit. Es handelt sich dabei um Tag- und Nachtträume, welche, wenn sie den Weg bis zu Taronaa finden, sich leichter verwirklichen werden. Also denke daran, deine Träume nach Taronaa zu senden. Sei mutig und sende deine Träume, in denen du alles sein kannst, was du möchtest, nach Taronaa.

Der zweite Stern heißt, aus der Lichtsprache übersetzt, *Melopaa* und ist als »Stern des Verzeihens« bekannt. Die Plejader wissen, dass sich selbst und anderen zu verzeihen der Schlüssel zum Glück ist. Melopaa ist ein sehr friedlicher Ort, an dem jedem verziehen wird und alle Wunden geheilt werden. Auch Menschen werden dort liebevoll empfangen und sind gern gesehene Gäste. Du kannst diesen Stern in einer Meditation besuchen und deine Lieben dorthin einladen, um das Ritual der Vergebung zu vollziehen. Sobald ein Mensch auf Melopaa eintrifft, wird ein Wesen der Plejaden zu ihm kommen und die Energien des Vergebens strömen lassen. Dies ist eine wundervolle Erfahrung, die du einmal ausprobieren solltest.

Der dritte Stern im Haufen heißt *Janaala* und ist bekannt als der »Stern der Weisheit«. Die Plejader glauben, dass Weisheit daraus entsteht, wenn man die Gesetze der Natur versteht und in Harmonie mit dem Großen und Ganzen lebt. Janaala ist mit der göttlichen Weisheit verbunden. Er ist ein Ort, an dem du dich in tiefe Meditation begeben kannst, um etwas über deine wahre Lebensaufgabe zu erfahren. Ich selbst bin sehr gerne auf diesem Stern und habe dort schon viel Wissen übertragen bekommen. Probiere es ruhig selbst einmal aus, du wirst erstaunt sein, wie einfach das ist.

Der vierte Stern heißt *Turoonaa* und ist bekannt als der »Stern der Heilung«. Es heißt, dass dieser Stern der Ort ist, an dem alle Krankheiten und Verletzungen geheilt werden. Die Plejader glauben, dass alle Krankheiten von Disharmonien zwischen Gefühlen und Taten herrühren. Turoonaa ist ein Ort der perfekten Harmonie, an dem alle geheilt werden können. Er lädt dich zu einem Besuch ein, und wenn du jetzt einen Impuls spürst, ihn aufzusuchen, solltest du ihm folgen. Dieser Stern eignet sich auch sehr gut, wenn du dich nach einem anstrengenden Tag erfrischen möchtest. Es reicht aus, wenn du dich für fünf Minuten dorthin begibst und die Energien genießt.

Der fünfte Stern der Plejaden heißt *Venaa* und ist bekannt als der »Stern der Liebe«. Dies ist der Stern, an dem jegliche Liebe beginnt. Die Energie dieses Sterns hilft uns, unser Herz zu öffnen und bedingungslos Liebe zu geben und zu empfangen. Er wird auch als »Stern der Seelenverwandten« bezeichnet. Deshalb findet man viele menschliche Seelen dort, die sich versammeln, um gemeinsam die Energie der Liebe zu spüren, einer bedingungslosen Liebe. Falls du nach deinem Seelenverwandten suchst, kannst du ihn hier finden.

Der sechste Stern im Sternhaufen heißt *Sandanaa* und ist bekannt als der »Stern der Kreativität und Intuition«. Man sagt, dass dieser Stern der Ort ist, an dem alle kreativen Ideen und die Intuition ihren Ursprung haben. Die Energie dieses Sterns hilft uns, uns mit unserem höheren Selbst zu verbinden und unserer wahren Natur näherzukommen. Du kannst diesen Stern besuchen, um dich für deine nächsten Vorhaben inspirieren zu lassen. Du wirst so viele Eindrücke sammeln können, die du niemals für möglich gehalten hättest. Denn dort ist die Grenzenlosigkeit des Universums besonders stark spürbar.

Der siebte und letzte Stern im Plejadenhaufen heißt *Kriyanaa* und ist bekannt als der »Stern des Aufstiegs«. Dies ist der Stern, wohin alle Seelen gehen, wenn sie den physischen Körper verlassen. Man sagt auch, dass er der »Stern der Erleuchteten« ist. Die Energie dieses Sterns hilft uns, uns an unsere wahre Natur zu erinnern und im Einklang mit unserem höchsten Selbst zu leben. Er hilft uns auch, den Zugang zu höheren Dimensionen leichter zu erreichen. Es wird dir guttun, diesen Stern schon zu Lebzeiten zu besuchen, wenn du dich auf deinem Weg des Erwachens befindest. Er erhöht deine Energie und dein Bewusstsein. Besuche diesen Stern so oft du kannst, er wird jedes Mal deine Energie steigern und dich auf dem Weg in das Erwachen kraftvoll unterstützen.

Aquajanaa sagt, vor sehr langer Zeit kamen die Plejader von einem Stern namens Melopaa. Aufgrund grausamer Kriege waren sie gezwungen, ihn zu verlassen und ihre Galaxis näher zu erforschen, um eine neue Heimat zu finden. Sie fanden sie schließlich in den Plejaden, doch einige der lichtvollen Wesen erforschten die Galaxis weiter und entdeckten so den Planeten Erde. Sie siedelten sich dort an und blieben einige Zeit.

Vor etwa 233.000 Jahren haben die Plejader unsere Erde entdeckt. Seitdem spielten sie für unsere Entwicklung eine große Rolle, bis sie sich etwa 11 nach Christus auf den Planeten Erramaa zurückzogen.

Viele Menschen spüren seitdem die Zugehörigkeit zu den Plejadern in ihren Genen, weil sie aus dieser Zeit energetische Wurzeln in sich tragen.

Heute besiedeln die Plejader insgesamt zwölf Sterne im plejadischen Sternhaufen, mit Hunderten von Milliarden Bewohnern, die alle hoch entwickelt und wohlhabend sind. Die Plejader leben in vollkommener Fülle und kennen keinen Mangel. Dies bedeutet, dass sie viel mehr haben, als sie jemals brauchen. Sie leben in Harmonie mit allen Wesen und schwingen in der unendlichen kosmischen Fülle.

Die Plejader haben auch Sitze im Konzil der Galaktischen Föderation des Lichts, einer Gruppe von Wesen aus verschiedenen Sternensystemen, die sich zusammengeschlossen haben, um die spirituelle Entwicklung aller Arten in den Galaxien zu fördern. Sie sind so weit in ihrer Entwicklung, dass sie leicht in unsere Dimension ein- und aussteigen können. Dafür verwenden sie Lichtschiffe, über die ich später noch berichten werde. Sie haben ein erheblich größeres Verständnis von Raum und Zeit als wir, denn sie wurden und werden nach wie vor von den Arcturianern geschult.

Sagt dir der Name Surayya oder Suraya etwas? So werden die Plejaden in der arabischen Sprache genannt. Surayya bedeutet: »reichlich vorhanden« oder »Bringer der Freude«. Aquajanaa erzählt uns die Geschichte von Surayya …

Surayya – Hoffnung, Mut und Stärke

Der arabischen Mythologie zufolge war Surayya eine schöne Frau, die jedem, der ihr begegnete, Glück brachte. Sie war bekannt für ihr gutes Herz und ihr sanftes Wesen. Eines Tages traf Surayya einen Mann, der verloren und verwirrt war. Er hatte keine Ahnung, wo er war und was er tun sollte. Surayya nahm ihn an die Hand und zeigte ihm den Weg. Sie zeigte ihm, wie er einen *eigenen* Weg finden und *eigene* Entscheidungen treffen konnte. Er war sichtlich beeindruckt von ihrer Schönheit, aber noch mehr von ihrer gütigen Seele. Surayya lehrte ihn, dass es in Ordnung ist, sich manchmal zu verirren, solange man den Mut hat, seinen eigenen Weg wiederaufzunehmen.

Dies beschreibt genau die Aufgabe, welche die Plejader für das Wohl der Menschen übernommen haben. Wenn du einmal abends in den Himmel schaust, dann denke an diese kleine Geschichte und all das Glück, das diesem Mann, symbolisch für alle Menschen, zuteil wurde. Auch du kannst dich mit den Sternen der Plejaden verbinden, das ist deine Chance. Anfang Juli bis Ende April ist die perfekte Zeit dafür, denn dann stehen sie am nördlichen Himmel am hellsten. Halte in einer klaren Nacht nach ihnen Ausschau und lass dich von ihrem Licht mit Hoffnung, Mut und Freude erfüllen.

Die Verbindung zwischen den Sternen der Plejaden und der Geschichte von Surayya ist sehr berührend und öffnet unser Herz. Es ist eine Geschichte über Hoffnung, Mut und Stärke. Ihre Botschaft ist, dass wir alle miteinander verbunden sind. Wir sind alle eins. Wenn wir in den Himmel schauen, sehen wir die gleichen Sterne. Wenn wir das Licht der Sterne sehen, sehen wir damit zugleich das Licht unserer eigenen Seele. Wir sind alle aus dem Sternenlicht der Liebe gemacht.

Surayya ist eine Geschichte, die uns an diese Wahrheit erinnert. Es ist eine Geschichte, mit der wir uns alle identifizieren können. Wir alle haben die Fähigkeit, andere glücklich zu machen. Wir alle haben die Macht, etwas in der Welt zu bewirken. Wir alle besitzen diese Größe.

Wenn wir die Sterne sehen, werden wir an unser eigenes Potenzial erinnert, in der Welt hell zu leuchten.

Aquajanaa erzählt uns vom kosmischen Garten in den Plejaden. Sie sagt, dass ein Besuch des kosmischen Gartens ein beeindruckendes Erlebnis ist. Wenn man ihn betritt, ist man von einer riesigen Vielfalt an Farben und Klängen umgeben, die aus der Struktur des Raums und des Universums selbst zu kommen scheinen …

Der kosmische Garten der Plejaden

Der kosmische Garten ist für die Plejader sehr wichtig, denn hier können sie sich mit den Energien des Kosmos verbinden und erhalten Führung aus höheren Dimensionen. Er ist der Inbegriff des plejadischen Universums, ein Ort voller Schönheit und Wunder. Sie nutzen ihn, um sich spirituell weiterzuentwickeln und ihre Verbindung zur Quelle aufrechtzuerhalten. Der kosmische Garten ist auch ein Ort der großen Heilung, an dem sie ihren Körper und Geist immer wieder neu ausrichten. Dort sprechen die Pflanzen mit ihnen über die Geheimnisse des Universums und die Mysterien des Lebens.

Die Pflanzen im kosmischen Garten sind einige der schönsten und seltensten im Universum. Die meisten davon sind den Menschen noch nicht bekannt. Sie wurden von plejadischen Heilern dorthin gebracht, um aus ihnen heilende Energien für alle Wesen des Universums zu gewinnen.

Der kosmische Garten ist ein Ort des Friedens und der Ruhe, an dem alle Wesen willkommen sind. Er ist ein Ort, an dem auch die Menschen sich an ihre wahre Natur erinnern und sich mit dem Göttlichen verbinden können.

Im kosmischen Garten sprechen die Tiere zu ihren Besuchern. Sie sagen, dass der kosmische Garten ein Ort der großen Heilung für Tiere ist und dass alle Tierwesen dort willkommen sind. Sie sagen auch, dass es in diesem Garten Tiere gibt, die du noch nie gesehen hast. Die Tiere tönen zusammen eine Melodie, die so schön ist, dass man weinen möchte, weil sie das Herz ganz tief berührt. Es ist das Lied des Universums, das Lied des Lebens. Die Tiere sagen, sie sind hier, um die göttliche Liebe zu unterstützen. Mit ihrem Gesang können sie uns helfen, unser Herz und unseren Verstand zu heilen.

Die Bäume im kosmischen Garten gehören zu den höchsten im Universum. Sie reichen energetisch bis weit in das Zentrum von Allem, was ist, und scheinen die Sterne zu berühren. Sie sind so alt, dass sie alles gesehen haben, was jemals im Universum geschah. Sie tragen die uralte Weisheit aller Lebensbäume vieler Planeten und Sterne im Universum in sich und sind mit den Lebensbäumen auf der Erde verbunden.

Diese Verbindung ist sehr wichtig für das Gleichgewicht des gesamten Lebens im Universum. Daher werden die Bäume von den Plejadern sehr gepflegt und als heilig angesehen. Oft setzen die Plejader sich mit dem Rücken angelehnt an einen Baum und beginnen ein inniges Gespräch mit ihm. In diesen Momenten ist es still, man hört nur den Gesang der Tiere und das wohlwollende sanfte Säuseln des Blattwerks der Bäume. Dies sind heilige Momente von unschätzbarem Wert.

Der kosmische Garten wird von der Blume des Lebens getragen und genährt. Die Blume des Lebens ist das Symbol der Schöpfung und des Lebens. Sie nährt den kosmischen Garten wie eine kraftvolle Quelle aus göttlicher Lebensenergie. Ihre Energie spürt man überall im Garten. Man kann spüren, wie sie alles mit Liebe heilt. Sie sagt, der kosmische Garten ist das größte Geschenk des Kosmos an alle Wesen im Universum.

Manchmal laden die Plejader auch ihre Sternengeschwister in den kosmischen Garten ein. Sie kommen aus dem ganzen Universum, um an der Heilung teilzunehmen und die Arbeit der Plejader zu unterstützen. Die Sternengeschwister sind immer herzlich willkommen. Sie sagen, dass der kosmische Garten ein Ort des großen Lichts und der Liebe ist, ein Ort des unendlichen Friedens und der Heilung für alle Wesen im Universum.

Aquajanaa sagt, dass jeder im kosmischen Garten willkommen ist, unabhängig davon, wer er ist oder woher er kommt. Alles, was du brauchst, ist ein offenes Herz und einen offenen Geist. Und so laden die Plejader dich hiermit ein, den kosmischen Garten zu betreten und seine Schönheit und Weisheit selbst zu erfahren. Sie lassen dich wissen: Du wirst mit Liebe, Licht und Heilung gesegnet, sobald du diesen Garten betrittst.

Und nun führt dich Aquajanaa in den wunderbar heilsamen kosmischen Garten …

Aquajanaas Botschaft über den kosmischen Garten

Mit großer Freude überbringe ich euch den Segen des Lichts voller Hingabe. Ich bin Aquajanaa, deine Schwester von den Plejaden. Ich komme zu dir mit einer Botschaft der Liebe. In diesen Zeiten des großen Wandels ist es wichtig, dass ihr euch daran erinnert, wer ihr seid. Ihr seid Wesen des Lichts, der Liebe und der Weisheit. Ihr seid hier, um eine neue Welt zu schaffen, eine Welt des Friedens, der Liebe und der Harmonie. Um dich zu unterstützen, lade ich dich ein, den kosmischen Garten zu betreten und seine Schönheit und Weisheit selbst zu erfahren. Mögest du mit Liebe, Licht und Heilung gesegnet sein.

Tritt nun ein durch das goldene Tor in den kosmischen Garten und fühle, dass du hier willkommen bist. Du befindest dich jetzt auf einer wunderschönen Wiese. Die Sonne scheint und

die Blumen blühen. In der Ferne siehst du eine Gruppe von Tieren, von denen du einige kennst, andere hast du noch nie gesehen. Sie kommen auf dich zu und begrüßen dich mit Liebe. Sie sagen, dass sie auf dich gewartet haben. Sie sagen, dass sie wissen, warum du hier bist und führen dich gerne.

Folge ihnen also in die Mitte des kosmischen Gartens, wo der große Lebensbaum wächst. Dies ist der Baum allen Lebens, der Baum der Weisheit und des Wissens. Seine Wurzeln reichen tief in die Erde, und seine Äste berühren die Unendlichkeit des Universums. Die Blätter des Baumes rascheln sanft im Wind und flüstern dir zu: »Willkommen zuhause, geliebtes Kind des Lichts.« Setze dich dann mit dem Rücken an den Baum. Atme tief durch und entspanne dich. Höre auf das Rascheln der Blätter im Wind. Höre auf das Geräusch deines eigenen Atems. Höre auf den Klang deines Herzschlags. Und während du dich entspannst, erlaube dir, von der Liebe und dem Licht des Lebensbaums erfüllt zu werden.

Schaue dich nun um. Du siehst, dass du nicht allein bist. Es gibt andere Wesen hier, Lichtwesen wie du. Sie kommen aus allen Ecken des Universums, um an diesem Ort der Kraft und Liebe zu sein. Sie setzen sich zu dir und reichen sich die Hände im Kreis um den Baum des Lebens.

Du spürst jetzt ein großes Gefühl von Frieden und Liebe, das dein ganzes Wesen erfüllt. Du fühlst, dass du zuhause bist. Du fühlst, dass du geliebt wirst. Und du weißt, dass von diesem Moment an alles in Ordnung sein wird. Du erkennst, dass alles Liebe ist, und dehnst dich mit dieser Liebe aus. Deine Seele dehnt sich aus, und du wirst eins mit allem, was ist. Du bist Licht, du bist Liebe, du bist Weisheit, du bist zuhause.

Deine Seele verbindet sich mit dem Baum des Lebens, und der Baum beginnt zu dir zu sprechen. Der Baum sagt: »Ich bin der Baum des Lebens. Ich bin die Weisheit der Zeitalter. Ich bin die Liebe aller Wesen. Ich bin das Licht, das dich nach Hause führt. Ich bin deine Wahrheit. Ich bin deine Kraft. Ich bin deine Stärke. Ich bin deine Sehnsucht. Ich bin dein Vertrauen. Ich bin deine Fülle. Ich bin deine Schönheit. Ich bin deine Liebe.«

Der Baum des Lebens erfüllt dich mit seiner Liebe und seinem Licht, und du spürst, wie ein großes Gefühl von Frieden und Gelassenheit über dich kommt, das dich stärkt und dir neue Kraft verleiht.

Es kann sein, dass in diesen Momenten der tiefen Verbindung ein Wesen, ein Tier oder eine Pflanze zu dir kommt und Kontakt aufnehmen möchte. Sei offen und erlaube dem Unmöglichen, möglich zu werden. An diesem Ort ist alles möglich. Vielleicht triffst du sogar jemanden aus deiner Sternenfamilie. Sie werden nicht menschlich aussehen, aber du erkennst sie an dem Licht, das in ihren Augen leuchtet. Höre auf ihre Botschaft und die Schwingung, die sie umgibt. Es ist reine Liebe und Licht, das dich nun erfüllt und trägt. Lass dir ein wenig Zeit, um all das zu genießen. Diese Zeit ist heilig.

Du weißt jetzt, dass alles gut wird, dass du geliebt und von der ganzen Schöpfung unterstützt wirst, denn du bist ein lichtvoller Teil des Großen und des Ganzen.

So führe ich dich nun wieder zurück durch das goldene Tor in deine Dimension. Das, was du mitnehmen darfst, sind die reine Liebe und das große Friedenslicht des Lebensbaums. Und das Wissen, dass du nie allein bist, denn du bist immer mit der ganzen Schöpfung verbunden. So kehre nun in deiner Geschwindigkeit in deine Dimension zurück.

Aquajanaa sagt: »Ich sende dir den Segen des Lichts, der Liebe und des Friedens. Rufe mich, wenn du unseren kosmischen Garten ein weiteres Mal besuchen möchtest. Ich bin immer bei dir und verabschiede mich jetzt von dir.«

Wenn du bereit bist, atme tief ein und aus. Spüre, wie entspannt du bist. Du bist jetzt wieder in deiner Dimension, und du weißt, dass der kosmische Garten immer bei dir ist, nur einen Gedanken weit entfernt.

Wann immer du die Liebe, das Licht und den Frieden des Lebensbaums spüren willst, schließe einfach deine Augen, rufe Aquajanaa und betrete den kosmischen Garten.

Mögen alle Wesen in allen Welten mit Liebe, Licht und Frieden gesegnet sein.

Mein eigener erster Besuch im kosmischen Garten war eine unglaubliche Erfahrung! Das ist definitiv etwas, das ich nie vergessen werde und auf das ich immer wieder zurückkommen werde. Seitdem spüre ich, wie mein ganzes Wesen von Frieden und Liebe erfüllt ist. Ich weiß, dass ich dort zu Hause bin. Daher besuche ich diesen wundervollen Garten immer wieder einmal, um neue Kraft zu schöpfen und um den wunderschönen Kontakt mit den liebevollen Wesen aus allen Welten an diesem Ort zu pflegen.

Aquajanaa sagt, dass die Plejader zu bestimmten Zeiten viele Wesen aus dem Universum einladen, um in ihrem Garten zu verweilen. Das ist jedes Mal wie ein großes Lichterfest der Liebe. Dieser Austausch mit der großen kosmischen Familie trägt zum Frieden im gesamten Universum bei. Je mehr Licht und Liebe im Garten erzeugt wird, desto mehr Licht und Liebe strahlt in das Universum hinaus. Deshalb hat jeder Besuch an diesem Ort eine große Wirkung, und jeder, der hierherkommt, ist sehr wertvoll.

Auch du bist sehr wertvoll! Und wenn du dich berufen fühlst, diesen Ort zu besuchen, sei dir gewiss, dass du immer willkommen bist. Aquajanaa sagt: »Die Türen unseres kosmischen Gartens sind immer offen für alle Wesen, die sich in Liebe und Licht mit uns verbinden wollen.« Also zögere nicht und gönne dir diese wunderbare Erfahrung!

Im kosmischen Garten gibt es verschiedene energetische Plätze mit unterschiedlichen Eigenschaften.

Zum Beispiel gibt es einen Raum für Austausch und Inspiration. Dort findest du lichte Wesen, die dir Ideen geben und dich inspirieren, etwas Neues zu tun.

Dann gibt es einen Raum der Leichtigkeit. In diesem Raum wird dein inneres Kind sehr viel Freude haben, denn in diesem Raum kann es so sein, wie es wirklich ist.

Dann gibt es einen Raum der Töne und Farben. In diesem Raum holen sich die kreativen Menschen Unterstützung für ihre Visionen. Dort ist alles möglich, und viele neue fantastische Dinge entstehen, die aus der göttlichen Schöpferkraft geboren werden.

Dann gibt es einen Raum der Magie. Dieser Raum ist für diejenigen gut, die ihre Schöpferkraft ausdehnen möchten. In diesem Raum entsteht Materie aus Energie. Dort wurden schon viele Alchimisten ausgebildet.

3

Das Kosmische Konzil der Plejaden und die Galaktische Föderation

Gerne möchte ich dir hier den Unterschied zwischen den beiden Räten erläutern, denn sie haben verschiedene Aufgaben zu erfüllen und man könnte sie schnell miteinander verwechseln. Wir beginnen mit dem Kosmischen Konzil der Plejaden.

Das Kosmische Konzil der Plejaden

Dies ist eine besondere Gruppe von Abgeordneten und hohen Räten, deren Mitglieder ausschließlich von den sieben Sternen der Plejaden kommen. Im Unterschied zum Galaktischen Rat der Föderation kümmern sie sich nur um die Angelegenheiten auf den Plejaden.

Bevor ein Lichtwesen der Plejaden in dieses Konzil aufgenommen werden kann, muss es bestimmte Voraussetzungen und Aufgaben erfüllen. Es muss mindestens 1.500 Jahre auf den Plejaden gelebt und Erfahrungen in anderen Sternensystemen gesammelt haben. Außerdem muss es beweisen können, dass es bereit ist, die Verantwortung für dieses hohe Amt zu übernehmen. Es sollte in der Lage sein, seine Erfahrungen im interdimensionalen Reisen zu demonstrieren und seine Fähigkeit unter Beweis zu stellen, mit den Energien der 24. Dimension umgehen zu können. Dann sollte es auch gute Kontakte zu anderen Sternenwesen im Universum haben und die Lichtsprache der Plejaden sowie die interstellare Lichtsprache ausgezeichnet beherrschen.

Exkurs zur 24. Dimension

Die 24. Dimension ist ein Ort der völligen Glückseligkeit. Es ist ein Ort, an dem alles eins und alles vollkommen ist. Es ist ein Ort der bedingungslosen Liebe, an dem es kein Urteil und keine Trennung mehr zwischen den Wesen aus Licht und dem All-Einen gibt. Alles in dieser Dimension ist vollständig in das Licht der vollkommenen Liebe getaucht, und jedes Wesen dort besteht aus reiner, unverfälschter Liebe. Diese Dimension ist für Menschen aus der dritten Dimension unvorstellbar und sehr weit entfernt von ihrem Vorstellungsvermögen. Die nur aus dem Licht der Liebe bestehenden Wesen in dieser Dimension sind so hoch entwickelt, dass sie uns nicht einmal als Wesen erkennen. Sie sehen nur die Liebe, aus der wir gemacht sind.

Jesus Christus sprach von der 24. Dimension, als er sagte: »Liebe deinen Nächsten wie dich selbst.«

Wir sind alle aus Liebe gemacht, und wir sind alle durch das Licht der Liebe miteinander verbunden. In dieser Dimension gibt es keinen Platz für etwas anderes als Liebe. Liebe ist alles, was es gibt.

Die Mitglieder des Kosmischen Konzils sind für die Entwicklung der Plejaden und ihrer Bewohnerinnen und Bewohner verantwortlich. Sie arbeiten eng mit der Großen Zentralsonne und dem Rat der Zwölf zusammen.

Sie haben auch Kontakt zu anderen Sternenräten und helfen dabei, die Aktivitäten aller Lichtwesen in diesem Universum zu koordinieren. Das Kosmische Konzil ist eine sehr wichtige Gruppe in unserer Galaxis, und wir können uns glücklich schätzen, sie an unserer Seite zu haben.

Das Kosmische Konzil ist auch dafür verantwortlich, den Kontakt zu anderen Sternennationen und Planeten zu halten. Sie tauschen Informationen über neue Entwicklungen und Technologien aus, damit alle davon profitieren können.

Das Konzil besteht aus 77 Mitgliedern. Es setzt sich aus jeweils elf Vertretern pro Stern der sieben Hauptsterne der Plejaden zusammen. Alle diese Vertreter, welche die Energien ihres jeweiligen Sterns repräsentieren, sind hoch angesehen, interstellare Persönlichkeiten, und haben schon hohe Auszeichnungen erhalten. Mächtig und weise sind sie. Es gibt weibliche sowie männliche Vertreter, und sie kommunizieren miteinander über Telepathie und die Kraft ihrer Gedanken. Durch ihre Erfahrung tragen sie die Weisheit des Universums in sich. Sie haben die Fähigkeit, Dinge in ihrer Welt mit einem einzigen Gedankengang zu verändern, wenn sie es für nötig halten.

Das Konzil trifft sich in bestimmten Abständen, man könnte es mit der Länge von drei Jahren in unserer Zeitrechung vergleichen. Sie treffen sich regelmäßig, um wichtige Angelegenheiten zu besprechen. Dabei geht es um das Wohl aller lichten Wesen in den Plejaden. Es geht darum, den Zustand der Plejaden im Universum und die Rolle der Plejaden zu besprechen. Gleichzeitig wird auch über Dinge entschieden, die verändert oder verbessert werden müssen.

Das Kosmische Konzil der Plejaden hat großen Einfluss auf das Universum. Es vertritt die sehr fortschrittliche und weit entwickelte Zivilisation der Plejader in unserer Galaxis und ist für die Weiterentwicklung allen Lebens in den Plejaden verantwortlich. Auch helfen die Mitglieder des Konzils Besuchern von anderen Planeten oder Sternensystemen, sich zu entwickeln und Fortschritte zu machen.

So ist zum Beispiel der kosmische Garten der Plejaden durch die Hingabe und Liebe des Kosmischen Konzils entstanden. Der Garten ist ein Ort der Schönheit und Harmonie, der alle Lebensformen anzieht. Gäste aus dem gesamten Universum, dazu gehören auch wir Menschen, sind herzlich willkommen. Sie erhalten dort Unterstützung, ihren Weg im Universum zu finden und spirituell voranzukommen.

Zu den Projekten der Mitglieder des Kosmischen Konzils gehören zum Beispiel auch die Entwicklung bestimmter Antriebsformen für die Lichtschiffe der Plejader und Schulungen von jungen Lichtwesen in den Plejaden, die Mitglieder des Rates werden wollen. Die Mitglieder haben auch die Städte der Plejaden gestaltet und die großen und kleinen Lichtgebäude entwickelt, in denen die Plejader wohnen oder der Galaktische Rat tagt. Auch haben sie ein Energiesystem entwickelt, das negative Wesen automatisch erkennt, sobald sie auftauchen. Diese Technik wird das »Plejadische Schild« genannt. Dieses Schild ist mit der Zentralsonne verbunden und reflektiert jeden Schatten. Dadurch entfällt die Tarnung der negativen Wesen, und sie werden erkannt. Aus diesem Grund sind die Plejaden frei von negativen Wesen und immer gut geschützt.

Wenn du für dich selbst auch so einen energetischen Schutzschild haben möchtest, kannst du das Kosmische Konzil darum bitten, eines in deinem Zuhause aufzustellen. Sie werden es sicher tun. Obwohl ihre Arbeit meist unsichtbar bleibt, ist sie immer zugegen – genau wie sie selbst. Wenn du also das nächste Mal zum Himmel blickst, rufe das Konzil und bitte um Anleitung für dein Weiterkommen.

Sie werden dir sicher helfen.

Das Kosmische Konzil der Plejaden ist ein sehr wichtiger Teil der interstellaren Führung unserer Galaxis. Er ist verantwortlich für die Entwicklung und Evolution allen Lebens in den Plejaden. Seine Mitglieder sind auch dafür verantwortlich, andere Zivilisationen in ihrer Entwicklung und ihrem Fortschritt zu leiten, wenn es gewünscht wird.

Wir können viel vom Kosmischen Konzil über unseren Platz im Universum und über unseren spirituellen Fortschritt lernen. Der Umgang der Plejader untereinander ist stets liebevoll und achtsam. Auch das ist etwas, was wir als Menschen noch lernen dürfen, denn wir können viel von der Verbindung mit diesen erstaunlichen Wesen profitieren.

Wenn du heute Abend in den Nachthimmel schaust, denke an das Kosmische Konzil und sein Engagement für das Wohlergehen allen Lebens der Plejader.

Du könntest zum Beispiel diese Worte laut aussprechen: »Ich rufe das Kosmische Konzil der Plejader an, mir bei meiner spirituellen Entwicklung zu helfen. Bitte leitet und unterstützt mich auf meiner Reise. Ich danke euch sehr dafür.«

Du kannst dich auch bei ihnen für alles bedanken, was die Plejader für uns getan haben, indem du Liebe und Licht zu den Plejaden schickst. Je mehr wir das tun, desto stärker wird unsere Verbindung zu diesen wunderbaren Wesen sein.

Lasst uns ihnen also, so oft wir daran denken, diese Liebe schicken.

Der Galaktische Rat der Föderation

Im Gegensatz zum Kosmischen Konzil der Plejaden setzt sich der Galaktische Rat der Föderation aus Wesen von vielen verschiedenen Sternensystemen zusammen, darunter den Plejaden, aber auch von Arcturus, Sirius, Andromeda, Vega, Orion, Lyra, Prokyon und weiteren Stämmen der Menscheitsfamilie, deren Namen wir noch nicht mitgeteilt bekamen.

Jede Art bringt ihre eigene Sichtweise und Weisheit mit ein. Diese Vielfalt sorgt für einen reichhaltigen und synergetischen Diskussionsprozess, der zu besseren Entscheidungen zum Wohle aller führt. Außerdem wird der Galaktische Rat von einer mächtigen Energie, der Blume des Lebens, unterstützt, die ihm hilft, sich auf seine Ziele zu konzentrieren und eine einheitliche Perspektive zu wahren.

Der Galaktische Rat der Föderation wurde etwa 222.000 Jahre nach dem Untergang der Melopanischen Zivilisation und dem großen Galaktischen Krieg gegründet. Er besteht aus zwölf Abteilungen mit je zwölf Mitgliedern. Dies ergibt insgesamt 144 gewählte hohe Räte des Galaktischen Rates. Ihr Hauptquartier befindet sich auf Erramaa, dem Planeten des gleichnamigen Hauptsterns der Plejaden.

Die Aufgaben des Galaktischen Rates der Föderation bestehen darin …

- die spirituelle Entwicklung aller Rassen in der Galaxis zu beaufsichtigen;
- die Mitglieder zu unterstützen und zu beraten, damit sie in ihrer Arbeit effektiver werden können;
- alle Sternenrassen zu unterstützen und zu beraten, um die göttliche Ordnung im gesamten Universum zu erhalten;
- das Licht in allen Bereichen auszudehnen;

- in allen Bereichen das Licht zu tärken und den Frieden zu erhalten;
- eine einheitliche Sichtweise zu wahren und den Fokus auf lichtvolle Ziele zu halten;
- der Menschheit und anderen Zivilisationen zu helfen, sich spirituell weiterzuentwickeln;
- das Universum zu stärken und die Gitternetze regelmäßig mit magnetischer Liebesenergie zu versorgen.

Die Galaktische Föderation ist ein wesentlicher Bestandteil des Universums und aller Welten und ihre Entscheidungen haben enorme Auswirkungen auf das Leben in der gesamten Galaxis. Es werden immer wieder Botschaften von ihr verbreitet, und eine besonders wichtige für die Bewohner der Erde habe ich hier für dich aufgeschrieben …

Erwachensbotschaft der Galaktischen Föderation

Seid gegrüßt, Bewohner der Erde, wir senden den Segen des Lichts zu jedem Einzelnen von euch.

Wir sind der Galaktische Rat der Föderation, und wir haben eine wichtige Botschaft für euch alle. Unsere Aufgabe ist es, den Frieden im Universum zu erhalten. Um dies zu erreichen, setzen wir uns dafür ein, die Liebe und die Einheit unter allen fühlenden Wesen zu fördern.

Deshalb haben wir uns entschieden, euch alle und dich als Einzelnen jetzt zu kontaktieren. Wir wissen, dass euer Planet im Moment viele Veränderungen und Turbulenzen durchmacht. Aber wir wissen auch, dass ihr das Potenzial habt, diese Herausforderungen zu überwinden und als eine Welt daraus hervorzugehen, die im Frieden vereint ist. Wir bitten euch eindringlich, eure Ziele des Friedens und der Einheit nicht aus den Augen zu verlieren und euch nicht in Hass und Konflikte verwickeln zu lassen. Denkt daran, dass ihr alle miteinander verbunden seid und dass das, was einen von euch betrifft, uns alle betrifft. Wir sind hier, um euch auf eurem Weg zu unterstützen, und wir werden weiterhin unsere Liebe und unser Licht an alle senden, das ist ganz sicher.

Um euch in dieser Zeit wirkungsvoll helfen zu können, haben wir einige besondere Lichtschiffe auf die Reise zu euch geschickt. Diese Lichtschiffe befinden sich nun in der Nähe der Erde und sind bereit einzuschreiten, falls es zu größeren Problemen kommen sollte. Sie sind mit einem speziellen Radarsystem ausgestattet und können von dir als kleine, helle Punkte am Himmel gesehen werden. Wir bitten dich, ihnen Aufmerksamkeit zu schenken und ihnen Liebe zu senden. Sobald ihr eure Liebe zu ihnen sendet, verbinden sie sich mit euch und stärken das Erdgitternetz, das euch alle und selbst die Erde trägt.

Das Erdgitternetz ist ein Netzwerk aus Licht, das die gesamte Erde umgibt und durchdringt. Es besteht aus der kollektiven Energie aller Lebewesen auf der Erde und verbindet uns alle miteinander. Je stärker dieses Netz ist, desto leichter können sich Frieden, Liebe und Einheit auf eurem Planeten manifestieren. Deshalb bitten wir dich, so viel Liebe wie möglich auch in dieses Netz zu senden. Wir haben in diesem Netz energetische Sender installiert, das ähnlich einem Frühwarnsystem Signale zu uns senden kann, falls es euch schlecht geht. Dadurch können wir schneller eingreifen und euch unterstützen.

Es ist jetzt an der Zeit, dass wir verstärkt zusammenarbeiten, um eine bessere Welt für alle zu schaffen.

Wir sind zuversichtlich, dass ihr es schaffen könnt, und wir sind hier, um euch zu unterstützen.

Aber auch ohne unsere Hilfe seid ihr Menschen stark genug, um diese Zeiten zu meistern und euch zu der friedlichen und geeinten Welt, die ihr sehr wohl sein könnt, weiterzuentwickeln. Jedoch machen sich leider die meisten von euch immer wieder klein und erkennen so ihre wahre Kraft nicht. Dadurch geht viel Potenzial verloren und die negative Seite gewinnt die Oberhand. Deshalb bitten wir euch: Wagt es, euch selbst und euer tatsächliches Potenzial zu zeigen. Dazu benötigt ihr nur einen Schritt, das ist der Schritt des Mutes. Diesen Schritt müsst ihr aber allein tun. Das können wir nicht für euch erledigen, denn wir achten euren freien Willen.

Euch selbst zu erkennen und euch zu zeigen, ist eure Lernaufgabe in dieser Zeit. Sobald ihr eure Kraft entdeckt habt, werdet ihr euch wieder zu den lichtvollen Wesen entwickeln, die ihr in Wahrheit immer gewesen seid.

Das, was gerade stattfindet, ist ein wichtiger Entwicklungsprozess in der Geschichte der Erde. Ihr befindet euch mittendrin und ihr könntet alles sofort beenden, wenn ihr nur endlich den Mut hättet, aktiv zu werden. Mit Aktivität meinen wir die bewusste Manifestation positiver Situationen und somit die Änderung des Lebens auf der Erde.

Es ist jetzt an der Zeit für jeden Einzelnen, der dieses Buch liest, aktiv eine Entscheidung zu treffen. Auch für dich. Die Entscheidung für oder gegen Frieden, Liebe und Einigkeit. Wir sind zuversichtlich, dass du das Richtige wählen wirst, und wir sind hier, um dich auf deinem Weg zu unterstützen. Dafür brauchst du nur deinen Geist zu öffnen und die Gedanken in dir aufzufinden, mit denen du dich klein machst oder unbewusst Negatives anziehst. Und glaube uns, das Unterbewusstsein von euch Menschen ist sehr stark ausgeprägt.

Wir geben dir hier einige wenige Beispiele für Gedanken, die Anzeichen von negativer Energie sind …

- Ich bin nicht gut genug.
- Ich bin machtlos.
- Die Welt ist ein schlechter Ort.
- Ich schaffe das nicht.
- Die Menschen sind gemein zu mir.
- Ich weiß nicht, was ich machen soll.
- Alles ist schlecht.
- Ich habe zu wenig Geld.
- Ich bin krank.
- Das wird nicht funktionieren.
- Ich verdiene es nicht.
- Niemand liebt mich.

Wie gesagt, dies sind nur einige wenige Beispiele, es gibt noch erheblich mehr. Du kannst sie ganz leicht auch in deinem Leben finden, wenn du danach suchst. Diese Gedanken erzeugen negative Energie und machen dich klein. Sie verhindern, dass du deine eigene Stärke und Macht erkennst. Wir bitten dich, diese Gedanken zu erkennen und zu hinterfragen und nach ihrem eigentlichen Ursprung zu suchen. Warum glaubst du diese Dinge? Woher kommen sie? Wer hat dir das gesagt?

Meistens sind es alte Muster, die du von deinen Eltern oder anderen Menschen in deinem Umfeld übernommen hast. Aber sie sind nicht wahr und du kannst sie ändern, wenn du es willst. Sobald du diese Gedanken bei dir selbst gefunden hast, drehe sie in ihr Gegenteil um und formuliere sie positiv.

- Ich bin gut.
- Ich bin machtvoll.
- Die Welt ist ein wundervoller Ort.
- Ich schaffe, was ich mir vornehme.
- Die Menschen sind nett zu mir.

- Ich weiß, was ich machen kann.
- Alles ist gut und richtig, so wie es ist.
- Ich habe mehr Geld, als ich benötige.
- Ich bin gesund.
- Das wird funktionieren.
- Ich verdiene alles Gute, was für mich vorgesehen ist.
- Ich werde geliebt.

Jetzt ist es Zeit für einen Neuanfang, ein neues Bewusstsein und ein erfülltes Leben. Wir sind hier, um dich dabei zu unterstützen, und wir wissen, dass du es schaffen kannst. Vertraue dir selbst und habe den Mut, so zu sein, wie du wirklich bist. Die Welt braucht dein Licht jetzt mehr denn je. Denn die Zeit des großen Umbruchs steht bevor, und dieser positive Umbruch kann nur einsetzen und kommen, wenn du aktiv wirst. Es hat keinen Sinn zu sagen, ich ziehe mich aus allem zurück und vertraue auf das Licht, denn es wird schon alles richten. Das ist leider ein Irrtum, denn das Licht und auch wir, die Galaktische Föderation, brauchen deine aktive Mitarbeit, damit die so heiß ersehnte Änderung eintreten kann.

Deshalb fordern wir, der Galaktische Rat der Föderation, euch alle auf, euch selbst zu vertrauen und eure wahre Kraft zu zeigen. Wir wissen, dass ihr bereit seid. Ihr müsst euch nur trauen, wieder ihr selbst zu sein! Dann kommt der Wandel von selbst. Wir sind hier, um euch zu unterstützen, und wir wissen, dass wir gemeinsam eine neue Erde, ein neues Bewusstsein und ein neues Leben erschaffen können. Alles ist möglich, wenn ihr nur den Mut habt, den ersten Schritt zu tun.

So senden wir euch den Segen des Lichts und versichern euch unserer Unterstützung und Liebe ewiglich.

4

Die Sieben Kosmischen Schwestern

Sieben Kosmische Schwestern, die den Nachthimmel erhellen, wurden ausgewählt und ausgebildet, um den Menschen ihre Weisheit zu übertragen. Sie wurden wegen ihres Wissens und ihrer Kraft ausgewählt. Jede von ihnen ist einzigartig, und jede hat etwas Besonderes zu bieten.

Warum wurden die Sieben Kosmischen Schwestern ausgewählt?

Vielleicht fragst du dich, warum gerade sieben Kosmische Schwestern vom Galaktischen Rat ausgebildet wurden. Sieben ist für die Menschen eine besondere Zahl. Sie ist die Zahl der Vollendung und Perfektion. Es gibt sieben Tage in der Woche, sieben Farben im Regenbogen, sieben Planeten in unserem Sonnensystem, sieben Noten in der Tonleiter und sieben Chakren im menschlichen Körper. In vielen Kulturen gilt die Zahl Sieben als Glückszahl. Die Zahl Sieben wird mit dem göttlichen

Weiblichen assoziiert, und diese Schwestern repräsentieren die höchste Form der Weiblichkeit.

So wurden die sieben Schwestern den sieben Chakren zugeordnet, und jede einzelne der Schwestern trägt eine sehr hohe Energie für die ihr zugeordneten Chakren. Sie sind mächtig und weise, und sie haben der Menschheit viel zu bieten. Die sieben Schwestern wurden ausgewählt, um uns zu helfen, unsere Reise auf der Erde zu vollenden und uns gut durch die große Zeitenwende zu geleiten. Sie bieten uns Führung und Unterstützung bei unserer Arbeit, eine bessere Welt für alle Menschen zu schaffen. Wir sind dankbar für ihre Anwesenheit in unserem Leben und wissen, dass wir durch ihre Lehren unser Bestes geben können. Der Galaktische Rat hat diese Schwestern ausgewählt, weil er wusste, dass sie uns helfen können, unser höchstes Potenzial zu erreichen.

Die Sieben Kosmischen Schwestern werden uns auf unserer Reise durch den großen Übergang und auch danach begleiten. Jede Schwester steht dabei für einen wichtigen Aspekt des Sternenbildes ihrer Herkunft, auf den wir uns während der Ausbildung in der galaktischen Schule konzentrieren wollen.

Die erste Schwester ist Aquajanaa von den Plejaden, die Hüterin des Wassers. In diesem Buch wirst du sehr viele Übungen und Lektionen von Aquajanaa erhalten. Ihre Energie ist blau und ihr Chakra ist das Halschakra.

Die zweite Schwester, deren Namen in einem eigenen Buch genannt werden darf, stammt von Andromeda. Sie ist die Hüterin der Tore zu anderen Dimensionen und Universen und lehrt uns vieles über das Dimensions-Channeling. Ihre Energie ist grün und sie ist dem Herzchakra zugeordnet, denn sie lehrt uns viel über Liebe und Mitgefühl. Sie lehrt uns, das Herz mit dem Verstand zu verbinden.

Die dritte Schwester kommt vom Arcturus. Sie ist die Hüterin der Spiritualität. Ihre Energie ist lila und dem Kronenchakra zugeordnet. Durch sie erfahren wir mehr über die spirituelle Verbindung zu unserem Schöpfer und dem Universum. Sie besitzt sehr großes galaktisches Wissen und viel Weisheit,

Die vierte Schwester stammt vom Sirius. Sie ist die Hüterin der Gesundheit. Ihre Energie ist gelb und wird mit dem Solarplexus-Chakra in Verbindung gebracht. Sie lehrt uns über unsere körperliche Gesundheit und wie wir sie durch Gleichgewicht und Harmonie in unserem Leben erhalten können.

Die fünfte Schwester kommt aus dem Sternensystem der Lyra. Sie ist die Hüterin der Kreativität. Ihre Energie ist rosa, und sie wird dem Stirnchakra oder dem Dritten Auge zugeordnet. Sie lehrt uns, wie wir unsere Zukunft durch unsere Gedanken, Visionen und Träume erschaffen können.

Die sechste Schwester stammt aus dem Sternbild des Orion. Sie ist die Wächterin der Erde und der Menschheit. Ihre Energie ist rot und ihr Chakra befindet sich an der Basis der Wirbelsäule und wird deshalb Wurzelchakra genannt. Sie lehrt uns, uns in der liebevollen Umarmung von Mutter Erde zu erden.

Die siebte Schwester kommt von Prokyon. Sie ist die Hüterin der Zukunft und die Wächterin der Galaxis. Sie bringt Schutz gegen negative Energie. Ihre Energie ist orange und wird mit dem Sakral-Chakra in Verbindung gebracht. Sie zeigt uns, wie wir Kreativität in unser Leben bringen können, um das zu schaffen, was wir uns wünschen.

Gemeinsam werden uns diese sieben Schwestern helfen, durch diese Zeiten des großen Wandels und der Evolution zu navigieren. Sie sind hier, um uns auf unserer Reise nach Hause zum Schöpfer und zum Universum zu unterstützen.

Jede Schwester wurde von der Galaktischen Föderation sorgfältig für die Schule ausgebildet und freut sich darauf, mit dir arbeiten zu dürfen. Alle Schwestern sind zu uns gekommen, um uns zu helfen, also bitte sie um ihre Unterstützung, wann immer du sie brauchst. Denke daran, dass du immer eine Wahl hast! Du kannst dich für die Schwester entscheiden, die dich am meisten anspricht, oder du kannst dich mit allen Schwestern verbinden. Die Schwestern sind bereit, dir in jeder Hinsicht zu helfen. Frag einfach, und sie werden für dich da sein. Aquajanaa ist die Leiterin der Gruppe der Sieben Kosmischen Schwestern und wird die Energien koordinieren.

Die Ausbildung war hart und die Schwestern haben intensiv an sich gearbeitet und bekamen die beste Unterstützung von der Galaktischen Föderation für die Kosmische Schule. Sie sind bereit, uns auf unserer Reise nach Hause zum Schöpfer und dem Universum zu unterstützen.

Die Sieben Kosmischen Schwestern sagen: »Wir freuen uns, dass du diese Worte liest, denn schon beim Lesen wird Energie übertragen und dein Lichtkörper ausgedehnt und an die höheren Dimensionen angepasst. So soll es sein! Unsere Technologien sind sehr weit entwickelt, und wir werden dir später mehr darüber berichten. Auch werden wir über die Nutzung der Energie aus dem Universum zu dir sprechen.«

Die Plejader beziehen ihre Energie aus dem Kosmos und sind eng mit der Blume des Lebens verbunden. Den Sieben Kosmischen Schwestern ist jeweils ein bestimmtes Chakra zugeordnet, und ihr werdet erfahren, wie ihr energetisch damit im Einzelnen arbeiten könnt. Wir beginnen mit Aquajanaa, der ersten der Sieben Kosmischen Schwester von den Plejaden, die unserem Halschakra zugeordnet ist.

Sie wird uns gleich zeigen, wie wir unser Halschakra mit dem Kosmischen Halschakra verbinden können.

5

Wer ist Aquajanaa?

Ich möchte dir von meiner ersten Begegnung mit Aquajanaa von den Plejaden berichten. Sie ist eine der Sieben Kosmischen Schwestern und lächelte mich gleich bei unserer ersten Begegnung herzlich an. »Sei gegrüßt, Mensch Monika Nirijanaa«, sagte sie mit ihrer sanften Stimme. »Ich bin eine auserwählte Lehrerin und wurde geschult, um mit dir zusammenzuarbeiten für das Wohl der Menschen auf der Erde. Euer Planet ist kostbar, und es ist wichtig, dass wir alles tun, um ihn zu schützen.«

Mit ihrem goldenen Haar und ihrer aquablauen Haut strahlt diese Schwester ein Gefühl von ruhiger, aber kraftvoller Energie und tiefem Frieden aus. Sie ist eine Abgesandte aus dem Sternensystem der Plejaden, die schon viele Jahre geschult wurde. Sie trägt ein weißes Kleid mit einem durchsichtigen Chiffon-Schleier an den Armen und am Rücken, das durch goldene Bänder gehalten wird. An ihren Oberarmen befinden sich goldene Reifen mit Symbolen des plejadischen Schlüssels. An ihrer Stirn trägt sie ein zierliches goldenes Diadem, mit einem Plejadenstein, der sanft glitzert. Ihre Handgelenke schmückt sie mit Tüll und Spitze. Sehr oft benutzt sie die wunderschönen goldenen Kugeln aus Pyrit, um neue Kraft zu tanken und für uns zu wirken.

Aquajanaa arbeitet eng mit den anderen sechs Kosmischen Schwestern aus ihrer Heimatwelt und aus weiteren Teilen des Universums zusammen. Diese Wesen haben sich entschieden, uns allen zu dienen, indem sie ihr Leben in den Dienst der Menschheit stellen und das heilende Licht ihrer Heimatwelt an uns weitergeben.

Aquajanaa ist die plejadische Gesandte des Wassers und erinnert uns daran, uns von allem zu befreien, was in unserem Körper, unserem Geist und unseren Emotionen ein Ungleichgewicht hervorrufen kann. Sie lädt uns ein, uns mit allem zu verbinden, was in unserem Körper rein ist – diese Beziehung wird uns erlauben, die Reinheit des Wassers zu erfahren. Sie sagt, dass das Wasser unser Lebenselixier ist.

Die Bedeutung von Wasser

Aquajanaa sagt, der Wasseranteil im menschlichen Körper bei Erwachsenen liegt bei 55 und 70 Prozent und bei Babys sogar bei ungefähr 80 Prozent. Sie sagt, dass Wasser für die meisten Körperfunktionen lebensnotwendig ist und durch nichts anderes ersetzt werden kann. »Deshalb bezeichnen wir es auch gerne als Lebenselixier«, meint sie.

Wasser ist hauptverantwortlich für die Funktion aller Zellen und des Gewebes in unserem Körper.

Die menschlichen Körperzellen bestehen innerhalb der Zellen zu 60 Prozent aus Wasser und außerhalb der Zellen zu 40 Prozent. Wasser spielt eine überaus wichtige Rolle bei der Verdauung und Ausscheidung, beim Transport von Sauerstoff und anderen lebenswichtigen Stoffen sowie bei der Temperaturregelung und für unseren Blutkreislauf

Ein Mensch hat durchschnittlich etwa fünf Liter Blut in seinem Körper. Davon sind 90 Prozent Wasser. Aquajanaa betont, dass Blut eine lebenswichtige Flüssigkeit ist, die uns Menschen am Leben erhält. Weil es Sauerstoff und andere wichtige Bestandteile durch unseren Körper transportiert, ist es für uns unerlässlich. Ohne Blut wären wir nicht in der Lage zu leben. Gleichzeitig dient das Wasser im menschlichen Körper dazu, dass wir Menschen einander überhaupt spüren und die Möglichkeit haben, uns telepathisch zu verständigen.

Aquajanaa weist darauf hin, dass das Wasser in unserem Körper so rein wie möglich sein sollte. Sie sagt, wir sollten stets darauf achten, was wir essen und wie wir leben.

Wenn wir ein langes und gesundes Leben führen wollen, müssen wir uns um unser Blut kümmern.

Aquajanaa sagt, sie kann der Menschheit helfen, indem sie die heilenden Energien ihres Heimatplaneten in alle Aspekte des Lebens einbringt, insbesondere in das Wasser.

Auf den Plejaden gibt es ein besonderes Wasser, sie nennen es dort das Lichtwasser. Das Lichtwasser trägt die reine Energie der Plejaden, die für die Menschen eine große Bereicherung darstellt. Die Plejader trinken dieses Wasser, bevor sie Heilungen vollziehen, um sich selbst und ihren Geist zu klären und energetisch darauf vorzubereiten. Dieses Wasser möchten sie uns Menschen gerne schenken. Dazu stellt dir Aquajanaa hier im Buch einige Methoden vor, damit du verschiedene Arten von Lichtwasser selbst herstellen kannst. Doch beginnen werden wir mit der Verbindung zum Kosmischen Halschakra, denn das ist die Voraussetzung, um plejadisches Lichtwasser herstellen zu können.

Das Kosmische Halschakra

Das Halschakra befindet sich in der Mitte des Halses und ist verantwortlich für Kommunikation, Kreativität und Selbstausdruck. Es ist das Zentrum des Ausdrucks. Dieses Chakra ist in unserer heutigen Zeit besonders wichtig, da es uns hilft, unsere Wahrheit zu kommunizieren und uns mit anderen auf einer tieferen Ebene zu verbinden. Wenn das Halschakra geöffnet ist, fühlen wir uns selbstbewusst und unsere Kommunikation ist klar und deutlich. Wir sind dann in der Lage, uns voll und ganz auszudrücken, ohne Angst oder Urteil. Durch dieses Chakra drücken wir unsere Wahrheit aus. Über das Halschakra entwickelt sich die Liebe zu uns selbst.

Wir sind dadurch in der Lage, unsere eigene Schönheit und unseren Wert zu erkennen. Wenn unser Halschakra geöffnet ist, können wir auch beginnen, andere bedingungslos zu lieben. Die Plejader sind hier, um uns zu helfen, unsere Kehle zu öffnen, damit wir unsere Wahrheit aussprechen und uns vollständig ausdrücken können. Die Sieben Kosmischen Schwestern arbeiten gemeinsam daran, unsere Chakren zu heilen und auszugleichen. Sie wollen uns helfen, uns an unsere Verbindung zum Kosmos und zu allem, was ist, zu erinnern. Wenn wir unser Halschakra öffnen und uns mit der plejadischen Energie verbinden, können wir dies erreichen. Aquajanaa wird uns dabei unterstützen und uns einige Übungen hierzu zeigen.

Die Sieben Kosmischen Schwestern bieten uns ihre Energie an, um uns zu helfen, unseren Körper, unseren Geist und unsere Seele zu heilen. Sie sind hier, um uns an unsere Verbindung zu allem, was ist, und zum Kosmos zu erinnern. Wenn wir unsere Kehle öffnen und uns mit Aquajanaa verbinden, fließt die kosmische Plejadenenergie in das Halschakra hinein und unsere Worte tragen die Plejadenenergie in sich.

Sobald das Halschakra im Einklang mit dem Universum schwingt, erhöht sich seine Schwingung und es bekommt eine ganz neue Kraft.

Aquajanaa möchte uns davon eine bessere Vorstellung geben. Sie sagt, damit wir spüren, wie seine höhere Schwingung sich anfühlt, können wir gemeinsam die folgende kleine Übung machen …

Verbindung mit dem Kosmischen Halschakra

Setze dich aufrecht hin und atme ein paar Mal tief ein. Während du einatmest, stell dir vor, dass die Energie des Kosmos durch dein Kronenchakra eintritt und zu deinem Halschakra hinunterfließt. Wenn du ausatmest, stell dir vor, dass die Energie des Kosmos wieder zu deinem Kronenchakra hinauffließt. Wiederhole dies ein paar Mal. Es entsteht der ewige Kreislauf der Liebe, indem die Energie des Kosmos durch dich hindurch und zurück zur Quelle fließt.

Jetzt stelle dir die Energie von Aquajanaa vor, der ersten der Sieben Kosmischen Schwestern der Plejaden. Sie steht vor dir und ist von einem sanften blauen Licht umgeben. Wenn sie spricht, ist ihre Stimme sanft und beruhigend …

»Ich bin hier, um zu helfen und begrüße dich mit dem Segen des Lichts. Ich biete dir die Energie meiner Herkunft an, um dein Halschakra zu heilen, auszugleichen und seine Energie zu erhöhen. Wenn du dein Halschakra öffnest und die kosmische Energie hindurchfließen lässt, wirst du dich an deine Verbindung zu allem, was ist, erinnern. Du wirst dich daran erinnern, wer du bist und warum du hier bist. Du wirst dich an die Wahrheit deines Seins erinnern.«

Aquajanaa sagt weiter: »Nimm ein paar tiefe Atemzüge und stell dir vor, wie meine Energie durch dein Kronenchakra eintritt und zu deinem Halschakra hinunterfließt. Wenn du ausatmest, stell dir vor, wie meine Energie wieder zu deinem Kronenchakra hinauffließt. Wiederhole dies ein paar Mal. Dadurch entsteht ein intensiver Energiekreislauf zwischen uns und du gewöhnst dich an die hohe Energie.

Stell dir nun vor, dass die Energie des Kosmos und die plejadische Energie von mir, Aquajanaa, vereint in deine Kehle fließen. Dein Chakra öffnet sich und kommt ins Gleichgewicht. Die Energie des Kosmos ist Liebe und die Energie, die du durch mich erhältst, ist Licht. Wenn sie in dein Halschakra fließen, spürst du ein Gefühl von Frieden und Ruhe. Du fühlst dich zuversichtlich und deine Kommunikation ist rein. Du bist in der Lage, dich klar und deutlich auszudrücken, ohne Angst oder Urteil. Du fühlst dich verbunden und tief geliebt von allem, was ist.

Genieße diese hohe Energieschwingung und stelle dir vor, was du zu sagen hast. Jetzt ist es an der Zeit, deine Wahrheit zu sagen. Forme klare Gedanken und sprich die Worte laut aus. Sprich das aus, was jetzt in diesem Moment ganz wichtig für dich ist. Lass die Worte aus deinem Herzen fließen.

Und sobald du dies getan hast, sprich in einer segensreichen Affirmation die folgenden Worte nach …

Ich bin bereit, meine Wahrheit zu sagen. Ich bin selbstbewusst, und meine Kommunikation ist rein. Ich drücke mich klar und deutlich aus, ohne Angst oder Urteil. Ich bin mit allem verbunden, was ist. Ich erinnere mich daran, wer ich bin und warum ich hier bin. Ich lebe in meiner Wahrheit.

Spüre diesen Worten noch ein wenig nach und komme dann langsam wieder in das Hier und Jetzt zurück. Ich, Aquajanaa, habe voller Liebe zu dir gesprochen und sende dir den Segen des Lichts, der dich jetzt einhüllt wie eine sanfte Decke der himmlischen Glückseligkeit.«

Nun atmest du ein paar Mal tief durch. Nimm dir Zeit und werde dir bewusst, dass dein Halschakra jetzt mit dem Universum verbunden ist und plejadische Energie hindurchfließt. Du hast jederzeit die Möglichkeit, dich über dein Halschakra mit Aquajanaa und den Schwestern der Plejaden zu verbinden. Sei dir sicher, dass sie hier sind, um uns auf unserer Reise zurück zur Erinnerung an unsere Wahrheit zu unterstützen.

Überlege nun, wie sich die Ausdehnung deines Halschakras angefühlt hat. Vielleicht fühlst du dich seitdem ausgeglichener und selbstsicherer …

Über dein Kosmisches Halschakra ist die Kommunikation mit dem gesamten Universum viel leichter möglich, denn durch dieses Chakra fließen die Energie der Blume des Lebens und die unendliche vollkommene Liebe von allem, was ist. Du kannst dich so jederzeit mit der Energie der Plejaden verbinden und Führung und Unterstützung auf deiner Reise zurück zur Erinnerung an dich selbst erhalten. Du kannst nun leichter mit den liebevollen Wesen der Kosmischen Schwestern kommunizieren.

Aquajanaa lächelt, während ich dies schreibe, und freut sich auf eure wundervollen Begegnungen.

6

Kultur und Lebensweise der Plejader

Die Plejader sind eine humanoide, außerirdische Spezies, die aus dem Sternensystem der Plejaden stammt. Sie gehören zu den fortschrittlichsten Zweigen der Menschheitsfamilie in unserer Galaxis und haben uns viel darüber mitzuteilen, wie man ein Leben voller Freude und Harmonie führen kann. Ihren Wohnraum beschreiben sie als »Kosmischen Garten«, und ihre Städte sind angefüllt mit schönen Parks, Anlagen und Wasserwegen. Die Häuser der Plejader sind sehr geräumig und haben oft große Fenster, die einen Panoramablick auf die Sterne und Planeten bieten. Sie verbringen gerne Zeit im Freien und haben großes Vergnügen an der Natur. In ihren Häusern haben sie viele Instrumente für Musik und Meditation, die sie nutzen, um eine friedliche und harmonische Atmosphäre zu schaffen. Sie sind für ihre Weisheit, ihr Mitgefühl und ihre Liebe bekannt, und sie sind hier, um uns allen zu helfen, unsere eigenen Potenziale zu erkennen und zu entfalten.

Die Musikinstrumente der Plejader bestehen aus der Energie der Blume des Lebens und sind mit dem Gitternetz des

Universums verbunden. Sie funktionieren mit Gedankenkraft und bringen Töne hervor, die wir Erdenmenschen noch nie gehört haben. Wenn du eine Melodie vernimmst, die auf diesen Instrumenten gespielt wird, zumindest den Teil, den wir wahrnehmen können, erhöht sich deine Schwingung und deine Seele verbindet sich mit dem Göttlichen. Sobald ein Instrument angestimmt wird, beginnt es in den Farben der sieben Plejadensterne zu leuchten.

Es gibt bestimmte Gelegenheiten, zu denen die Einwohner aller Sterne sich treffen, um gemeinsam auf ihren Instrumenten zu spielen. Diese Gelegenheiten sind zum Beispiel der Beginn oder das Ende eines Tages, wenn wichtige Entscheidungen getroffen werden oder es eine wichtige Mitteilung gibt. Die Klänge, die die Instrumente gemeinsam hervorbringen, sind dann im ganzen Universum zu hören und zu sehen. Manchmal werden die Töne auch zu anderen Planeten geschickt, um Hilfe zu leisten und Heilung zu geben. Aquajanaa sagt, dass man dies sogar von der Erde aus erkennen kann, denn dann leuchten die Plejaden besonders stark.

In ihren Städten haben die Plejader kleinere Flugobjekte, mit denen sie sich gegenseitig besuchen. Diese überaus wendigen Gefährte sind ebenfalls an das kosmische Energienetz angeschlossen. Sie sind lautlos und schweben sanft durch die Luft. Die Plejader nutzen sie als Transportmittel für schwere Lasten, aber auch, um Freunde und Familie zu besuchen. Auf ihren Planeten gibt es keine Umweltverschmutzung, denn alles, was sie benutzen, besteht aus Energie. Die wenigen materiellen Dinge, die sie brauchen, erneuern sich immer wieder und müssen nicht entsorgt werden. Auf diese Weise leben die Bewohner der Plejaden im Einklang mit der Natur, und alle ihre Bedürfnisse werden erfüllt durch die göttliche Liebe und das Gleichgewicht von Geben und Nehmen.

Die Plejader haben einen tiefen Einblick in das Wesen des Universums. Sie haben es erforscht und verstehen und wissen so viel mehr darüber als wir Menschen. Jetzt sind sie hier auf unserer Erde, um uns zu helfen, mehr über uns selbst und unseren Platz im Kosmos zu erfahren. Wir können viel von ihnen lernen, unter anderem, wie wir auch auf der Erde ein Leben in Freude und Harmonie führen können.

Die Plejader ernähren sich vom göttlichen Licht, indem sie ihr Herz öffnen und die Liebe des Universums durch sich hindurchfließen lassen. Sie müssen keine physische Nahrung zu sich nehmen, aber manchmal tun sie es aus Liebe zu uns und um uns zu zeigen, dass es möglich ist. Sie trinken das plejadische Lichtwasser, das auch zum Heilen verwendet wird. Es ist ihnen sehr wichtig, in Harmonie mit allen Lebensformen zu leben, und sie arbeiten unermüdlich und aktiv daran, dieses Gleichgewicht zu erhalten.

Sie unterhalten sich meist telepathisch durch die Kraft ihrer Gedanken. Wie sie das machen? Sie denken daran, was sie mitteilen wollen, und tun es dann. Sie brauchen keine Worte oder Gesten; alles geschieht kraft der Gedanken. Diese Art der Kommunikation ist viel effizienter und direkter als sprechen oder gestikulieren. Außerdem ist die telepathische Gedankenkraft eindeutig, und es kommt nicht zu Missverständnissen. Jeder Plejader versteht die Gedanken der anderen ganz klar und braucht keine Übersetzung.

Dadurch leben die Plejader in einem Zustand der Freude und Liebe. Es ist eine kosmische, reine, unendliche Freude, die immer da ist und niemals vergeht. Diese kosmische Freude versetzt sie in einen Zustand von Ekstase, so dass sie ständig in einem Zustand des Glücks sind. Aus unserer Perspektive hat es den Anschein, als würden sie immerzu feiern. Sie wissen, dass alles perfekt ist, so wie es ist, und dass es keinen Bedarf für etwas anderes gibt. Sie leben im gegenwärtigen Augenblick und machen sich keine Sorgen über die Zukunft oder bedauern die Vergangenheit. Sie sagen ganz einfach, dass sie *sind*. So erweisen sie sich als eine höhere Lebensform, betonen aber, dass wir Erdenmenschen dies auch erfahren können. Denn wir Erdenmenschen sind dabei, uns weiterzuentwickeln.

Wir können von den Plejadern so viel darüber lernen, ein freudiges und harmonisches Leben auf der Erde zu führen. Wenn wir unser Herz öffnen und der Liebe des Universums erlauben, durch uns zu fließen, können wir die gleiche Freude und das gleiche Glück erleben wie sie. Alles ist perfekt, so wie es ist, und es gibt keinen Grund, etwas anderes zu wollen. Am tiefsten werden wir es spüren können, wenn wir beginnen, uns von der Dualität zu lösen. Aus unserer Perspektive scheint es, als wäre dieser Zustand sehr schwer zu erreichen. Aber Aquajanaa sagt, dass die Plejader uns dabei unterstützen werden.

Wenn du den Glückszustand, der in den Plejaden herrscht, fühlen möchtest, mache die folgende Übung …

Wahrnehmung des Glückszustands in den Plejaden

Zünde eine Kerze an und höre eine schöne, meditative Musik mit sanften Tönen.

Atme ein paar Mal tief durch.

Lasse die Worte, die du gerade gelesen hast, noch einmal in deinem Geist erscheinen und stelle dir dann die sieben Sterne der Plejaden vor.

Atme das weiße Licht dieser wundervollen Energie ein und weite dich – über deinen physischen Körper hinaus – mit ihr aus.

Jetzt stell dir vor, dass du auf den Plejaden bist. Wie fühlt es sich an?

Wie sehen die Menschen dort aus und wie verhalten sie sich?
Wie ist die Atmosphäre?
Wie riecht es dort?
Welches Essen gibt es?
Wie hört sich die Musik an?
Wie fühlt es sich an, dort zu sein?

Halte die Energie und erlaube dir, diesen Zustand des Glücks so lange zu erleben, wie du willst. Wenn du erfüllt bist, atme tief und kehre in die Realität zurück. Denke daran, dass du dich jederzeit wieder in diesen Zustand begeben kannst, indem du einfach die Augen schließt und dir vorstellst, dass du auf den Plejaden bist. Nimm dir ein paar Momente Zeit, um aufzuschreiben, was du erlebt hast.

Es heißt, die Plejaden seien die Heimat der alten Götter und Göttinnen, die wir auf der Erde kennen. Seit Tausenden von Jahren setzen sie ihre fortschrittliche Technologie ein, um uns auf unserem Weg der Evolution zu helfen. Aber wie sind sie zu uns auf die Erde gelangt? Das ist ein Rätsel, das viele schon lange umtreibt.

Die plejadischen Lichtschiffe

Die Plejader benutzen Lichtschiffe, um zwischen den Dimensionen zu reisen. Diese Schiffe sind sehr hoch entwickelt und lassen sich leicht durch Raum und Zeit navigieren. Sie sind auch mühelos in der Lage, sich zu tarnen, so dass sie von anderen Wesen nicht entdeckt werden können.

Diese Lichtschiffe bestehen aus einem kristallinen Material, das resistent gegen Beschädigungen ist. Sie haben einen starken Energieschild, der die Insassen vor Schaden schützt. Außerdem sind sie mit mächtigen Waffen ausgestattet, die im allerschlimmsten Notfall in Sekundenschnelle eine ganze Stadt zerstören könnten.

Die leichten Schiffe verfügen über einen leistungsstarken Antrieb, der einen Wirbel um das Schiff herum erzeugt, der es ihm ermöglicht, durch Raum und Zeit zu reisen.

Die Triebwerke sind überdies in der Lage, ein eigenes Portal zu erschaffen, das verschiedene Dimensionen miteinander verbindet. Dadurch können die Plejader schnell zu verschiedenen Orten in der Galaxis reisen.

Alle Lichtschiffe der Plejader sind mit einem hoch entwickelten Computersystem ausgestattet, das große Mengen an Informationen speichern kann. Es kann sich mit anderen Computern verbinden und ermöglicht es den Plejadern, mit anderen Wesen in der Galaxis zu kommunizieren.

Die Lichtschiffe werden von einer Mannschaft speziell ausgebildeter Kommandanten und deren Crew gesteuert, die in der Lage sind, durch Raum und Zeit zu navigieren. Die Mitglieder der Crew haben eine umfassende Ausbildung und können die vielen hochkomplexen Systeme des Schiffes mühelos bedienen.

Die leichten Schiffe sind sehr komfortabel und bieten eine sichere Umgebung für die Besatzung. Sie sind mit allen Annehmlichkeiten ausgestattet, die man auf einer Reise durch den Weltraum braucht. Dazu gehören eine Licht-Küche, ein Licht-Bad und ein Meditationsbereich. In der Licht-Küche befindet sich eine Lichtquelle, die mit der Blume des Lebens verbunden ist. Man kann daraus physisch trinken oder sich energetisch Lichtnahrung ins eigene Energiesystem übertragen lassen. Das Bad ist mit einer energetischen Licht-Dusche ausgestattet, unter der sich die Reisenden beliebig oft erfrischen und reinigen können. Im Meditationsbereich befinden sich Lichtkissen, auf die man sich legen kann, um Kraft zu sammeln. Jedes Lichtschiff verfügt auch über einen medizinischen Licht-Heilungs-Bereich, in dem Besatzung und Insassen bei Bedarf behandelt werden können. Diese wundervollen Lichtschiffe sind auch mit einer energetischen Bibliothek ausgestattet, die das gesamte Wissen der Plejader und des Kosmos enthält. Die Bibliothek wird ständig aktualisiert und versorgt die Besatzung mit Informationen über die unterschiedlichsten Kulturen und Rassen in der Galaxis.

In der Kommandozentrale jedes Schiffes befindet sich außerdem eine holografische Karte der Galaxis. Sie zeigt alle Sternensysteme und ihre Planeten. Die Plejader benutzen sie, um durch Raum und Zeit zu navigieren. Sie können damit die galaktischen Dimensionstore orten, wenn sie in einen anderen Teil der Galaxis reisen möchten.

Wie gesagt, sind die Lichtschiffe mit einem Kommunikationssystem ausgestattet, das es den Plejadern ermöglicht, mit anderen Wesen in der Galaxis zu kommunizieren. Es kann auch dazu genutzt werden, Nachrichten in andere Dimensionen zu senden. Mit diesem System können sie jede Lichtsprache des Universums verstehen.

Plejadische Lichtschiffe sind ganz erstaunliche Gebilde und ermöglichen es den Plejadern, komfortabel durch Raum und Zeit zu reisen. Sie besitzen eine intelligente Energie, mit der sie sich durch Raum und Zeit bewegen.

Sobald der Kommandant an Bord ist, beginnt ein energetischer Dialog zwischen dem Lichtschiff und dem Kommandanten. In diesem Dialog wird besprochen, wie die Reise gestaltet wird und wohin es gehen soll. Es wird energetisch festgelegt, mit welcher Geschwindigkeit die Reise stattfinden soll und welche Energieportale benutzt werden. Sobald dies feststeht, verbindet sich die komplette Besatzung energetisch mit dem Lichtschiff, und die Reise beginnt.

Wenn es sehr schnell gehen muss, nutzen die Plejader eine spezielle Reise-Energie-Technik, um Energieportale zu durchqueren. Dabei lösen sie allein durch die Kraft ihrer Gedanken ihre Schiffe und sich selbst in kleinste Atome auf, um dadurch – wenn es die Situation erfordert – um ein Vielfaches schneller als mit Lichtgeschwindigkeit reisen zu können. Danach setzen sich die Atome wieder genauso zusammen, wie sie vorher waren. So reisen sie bequem und effizient durch Raum und Zeit.

Diese spezielle Technik nutzen sie auch gerne auf ihren Reisen durch die Zeit, um verschiedene Kulturen besuchen und erleben zu können. Als Beispiel sei nur ihre Reise ins antike Ägypten genannt. Sie sind in diese Kultur eingetaucht, als wären sie selbst Ägypter, und haben sehr viel Weisheit und Wissen in diese Zeit gebracht. Man erkennt immer noch an den Wandzeichnungen der Tempelanlagen in Ägypten, dass die Plejader damals anwesend waren.

Plejader bauen ihre Lichtschiffe selbst und verwenden dafür eigens entwickelte Techniken. Ein Lichtschiff wird aus der Energie der plejadischen Sonne und der Blume des Lebens erschaffen und dann vom Bewusstsein der Plejader durchdrungen. Sie statten ihre Schiffe durch Gedankenkraft mit allem aus, was sie sich wünschen. Natürlich kann jedes Schiff auch durch Gedankenkraft gesteuert werden. Dabei empfängt das Schiff energetisch die gedanklichen Befehle der Plejader und führt sie aus. Ein spezieller Bildschirm ermöglicht es, dass zum Beispiel der Gedanke an einen bestimmten Ort in Raum und Zeit sofort als Ziel auf der holografischen galaktischen Landkarte sichtbar wird.

Die Lichtschiffe sind eines der mächtigsten Werkzeuge der Plejader. Hast du dich jemals gefragt, wie sie diese Schiffe antreiben? Einige glauben, dass sie dazu die Energie aus der Galaxis nutzen, andere, dass sie über eine fortschrittliche Technologie verfügen, die wir uns nicht einmal vorstellen können. Aquajanaa sagt, dass beides stimmt, und sie hat sich bereit erklärt, uns ein wenig darüber mitzuteilen.

Wie sie die Energie der Galaxis nutzen, um ihre Lichtschiffe anzutreiben

Lichtschiffe sind Fahrzeuge, die durch Raum und Zeit gleiten. Sie werden von der Energie der Galaxis angetrieben und können die Plejader überall hinbringen, wohin sie wollen. Die Plejader setzen ihre Lichtschiffe auch ein, um uns zu helfen, unseren Planeten zu heilen und uns mit anderen Zivilisationen in der Galaxis zu verbinden. Die dafür benötigte Technologie ist in der Akasha-Chronik gespeichert, damit auch die Erdenmenschen, wenn sie so weit sind, darauf Zugriff haben und sie nutzen können.

Die Akasha-Chronik ist eine Datenbank, in der alles Wissen des Kosmos gespeichert ist. Die ersten, sozusagen untersten Einträge befinden sich in der siebten Dimension und können durch den Geist von Erleuchteten erreicht werden. Weitere Teile der Aufzeichnungen sind nur denjenigen in der zehnten oder sogar in den Dimensionen darüber zugänglich.

Die Akasha-Aufzeichnungen bilden eine lebendige Bibliothek, die sich ständig erweitert, denn es werden alle Geschehnisse des Universums darin erfasst.

Doch wir sprachen von den Lichtschiffen …

Aquajanaa erklärt den Vorgang der Energiegewinnung so, dass die Energie über ein Gitternetz, das das gesamte Universum durchzieht, aufgenommen wird. In diesem Gitternetz liegen auch die Planeten und werden von ihm gehalten. Die Plejader nutzen dieses Gitter, um auf die Energie der Galaxien zuzugreifen und Portale zu schaffen, die sie dorthin bringen, wohin sie wollen. Alle Planeten und Sterne sind Teil dieses Gitternetzes und über die Energie des Gitternetzes miteinander verbunden. Die Portale sind Öffnungen, die zu verschiedenen Galaxien führen. In den Portalen und in jedem Sternensystem oder Planeten befindet sich die Energie der Blume des Lebens. Die Blume des Lebens ist eine sehr alte Struktur, welche die Blaupause der Schöpfung enthält. Es heißt, sie enthält das Wissen, wie man Universen erschafft. Die Plejader nutzen diese Energie, um ihre Lichtschiffe anzutreiben und uns auf unserer Reise der Evolution zu helfen.

Wenn wir uns mit der Energie der Blume des Lebens verbinden, sind wir mit dem Bewusstsein der göttlichen Unendlichkeit verbunden. Auf den sieben Plejadensternen befinden sich sieben große Blumen des Lebens. Jede Blume führt zu verschiedenen Portalen in verschiedene Galaxien.

Die Plejader sind die Wächter dieser Portale und hüten die Energien. Sie sagen, es muss immer ein Gleichgewicht zwischen Nehmen und Geben bestehen. Wenn zum Beispiel ein Lichtschiff zur Erde reist, muss es als Ausgleich für die entnommene Energie genauso viel Energie in Form von Liebe an das Portal zurückgeben. Dafür treffen sich die Hüter des Portals und besingen es mit Tönen der Liebe solange, bis die Tore wieder voller Glanz erstrahlen. Dies ist ein feierliches Ritual, das in tiefer Achtsamkeit geschieht. Die Wächter und Hüter der Portale wurden eigens dafür ausgebildet, und sie singen gleichzeitig in Ober- und Untertönen, wie wir es hier auf Erden noch nie gehört haben. Man könnte es auch als kosmischen Akt der Liebe bezeichnen.

Sobald genügend Energie bereitgestellt wurde, beginnt die Reise durch das galaktische Tor. Gelenkt werden die Lichtschiffe dabei mit Gedankenkraft. Kaum ist gedanklich das Ziel eingegeben, bewegt sich das Schiff vorwärts. Die Bewegung ist so schnell, dass wir es als Erdenmensch nicht wahrnehmen könnten. Dabei zerlegen sich das Licht und die Insassen in feinste Moleküle, aber nur für den kurzen Moment, wenn sie durch das Portal gehen, denn länger als einen Moment dauert die Reise durch das Portal meistens nicht.

Jedes Lichtschiff erschafft bei diesem augenblickslangen Übergang seinen eigenen Raum und seine eigene Zeit, in denen sich die Insassen bewegen können. Sobald sie durch das Portal geflogen sind, passen sie die Länge der Reise an die Dringlichkeit ihrer Mission an. Sie können wählen, ob sie sich weiterhin so schnell bewegen möchten oder ob sie lieber etwas langsamer unterwegs sein möchten.

Die Reise zu anderen Galaxien ist für die Plejader eine sehr schöne Erfahrung. Manchmal nehmen sie sich Zeit und verlangsamen ihre Geschwindigkeit, um die Reise genießen zu können. Die Plejader sagen, dass die Sterne wie helle Lichter sind und sie sich an ihrer Schönheit und ihrem Licht erfreuen, während sie durch die Galaxien reisen. Sie berichten, dass jede Galaxis einzigartig ist und ihre eigene Schwingung und Energie hat. Oft singen sie auch während der Reise die Töne der Liebe, um das Lichtschiff zu schützen oder zu beschleunigen. In den plejadischen Lichtschiffen finden wir dieses wunderschöne weiße Licht der sieben Sterne. Dieses Licht ist sehr heilend, tragend und schützend. Die Plejader bringen dieses Licht sehr gerne zu uns auf die Erde, um unsere Schwingung zu erhöhen oder um uns Kraft, Zuversicht, Reinigung oder Heilung zu überbringen. Manchmal bestrahlen sie auch die ganze Erde mit diesem wundervollen weißen Licht.

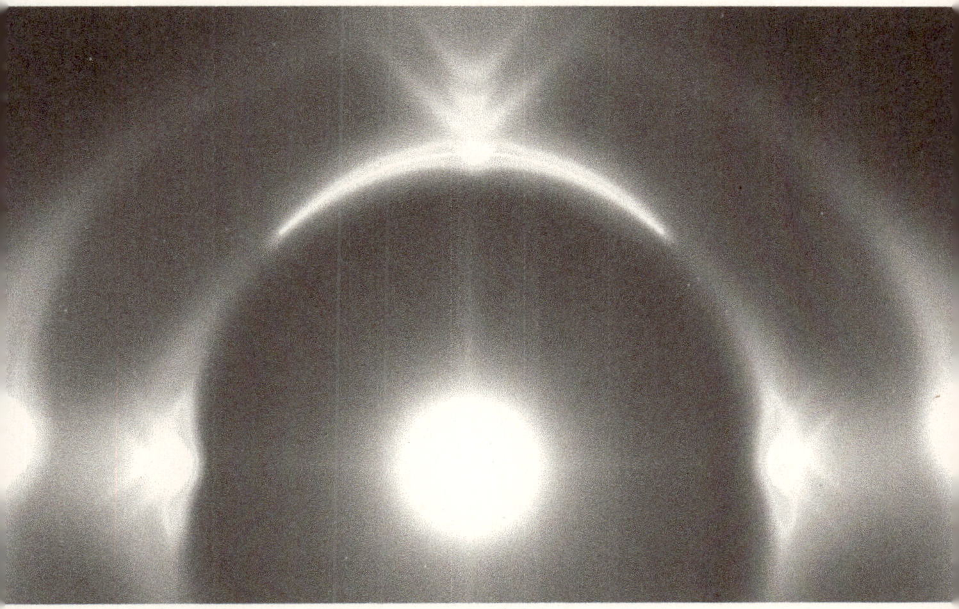

Die Lichtschiffe der Plejader sind sehr mächtig und können auf der Erde viel Gutes bewirken. Wenn wir uns mit ihrer weißen Energie verbinden, hebt sich unsere Schwingung an und wir gelangen in Einklang mit unserem höchsten Potenzial. Wir können diese Energie auch bitten, uns bei bestimmten Herausforderungen zu helfen, die wir in unserem Leben haben. Manchmal sind die Lichtschiffe am Himmel deutlich zu sehen, dies sind wunderbare Momente der Verbundenheit. Die Energie des weißen Lichts versetzt unsere Seelen in Schwingung, und sofort fühlen wir diese unbeschreibliche Verbundenheit und eine große Sehnsucht zu den lichtvollen Wesen und zu den Plejaden selbst.

Wenn wir die Energie der Lichtschiffe auf uns wirken lassen, können wir auch die Liebe und das Mitgefühl der Plejader spüren. Manche Menschen fühlen sich dann augenblicklich sehr verbunden und wissen genau, dass die Plejaden ein Teil ihrer galaktischen Heimat sind. Diese kraftvolle und wohltuende Energie, die das gesamte Gitternetz erfüllt, hilft, das Gleichgewicht im Universum zu halten. Es bietet allen Lebensformen energetische Unterstützung. Man könnte sagen, dass es der Herzschlag des Universums ist.

Die Plejader sind sehr dankbar für diese Energie und nutzen sie mit großem Respekt nicht nur für ihre Lichtschiffe, sondern auch für ihren Wohnraum. Sie sind es gewohnt, alles in ihrem Leben mit Gedankenkraft und mit tiefer Liebe zu steuern.

Energie ist also für das Leben und die Fortbewegung der Plejader unerlässlich. Aber es gibt noch zwei wichtige Dinge, die du wissen solltest, um diese Sternenfamilie zu verstehen. Das eine ist die Bedeutung der Galaktischen Tore für sie und das andere die Kraft von Pyrit ...

Die Galaktischen Tore

Zunächst möchte ich dir erklären, was ein Galaktisches Tor ist. Ein Galaktisches Tor ist eine mysteriöse Struktur, die in wichtigen Teilen der Galaxis auftauchen kann. Das bedeutet, dass es mehrere Galaktische Tore gibt. Wenige Menschen wissen, worum es sich dabei handelt oder welchem Zweck sie dienen, und Wissenschaftler und Forscher auf der Erde versuchen schon seit Jahren, dies herauszufinden. Einige glauben, dass diese Tore dazu dienen, zwischen verschiedenen Dimensionen zu reisen, während andere meinen, dass sie dazu da sind, den Energiefluss in der Galaxis zu kontrollieren. Bislang gibt es keine endgültige Antwort auf die Frage, was diese Tore sind oder was sie bewirken können. Aber eines ist sicher: Sie sind es auf jeden Fall wert, erforscht zu werden!

Von den sieben Schwestern wissen wir, dass diese Galaktischen Tore die Funktion haben, verschiedene Energien des

Universums zu lenken und zu übertragen. Jedes Galaktische Tor ist einzigartig, aber alle haben den gleichen Zweck: als Energiewirbel und Portale für Sternenwesen zu dienen.

Das Erste, was du über ein Galaktisches Tor wissen musst, ist, dass es sich nicht um eine einzelne große Struktur oder ein einzelnes riesiges Tor handelt. Vielmehr gibt es mehrere kleinere Tore, die das große Ganze bilden. Das Haupttor ist normalerweise das größte und wird von mehreren kleineren Toren umgeben. Jedes dieser Tore hat einen anderen Zweck, und alle zusammen sorgen für die Gesamtwirkung der Konstruktion.

Das Nächste, was du über ein Galaktisches Tor wissen musst, ist, dass sie in der Regel paarweise auftreten. Das liegt daran, dass diese Tore so konstruiert sind, dass sie eine gemeinsame Wirkung entfalten. Das Galaktische Tor des Wandels, das sich am 22. Februar 2022 geöffnet hat, ist zum Beispiel ein solches Doppeltor. Es besteht aus einem äußeren und einem inneren Tor. Jedes der beiden Tore erfüllt einen anderen Zweck, doch arbeiten sie energetisch zusammen, um eine bestimmte Gesamtwirkung zu erzielen.

Das Letzte, was du über ein Galaktisches Tor wissen musst, ist, dass es nicht immer stillsteht. Einige von ihnen bewegen sich sogar. Der Grund ist: Sie wurden so konstruiert, dass sie der Bahn bestimmter Sterne folgen. Das Galaktische Tor des Wandels, das sich am 22. Februar 2022 geöffnet hat, folgt der Energie der Sieben Kosmischen Schwestern. Doch du musst auch wissen: Dieses Tor ist einzigartig, so etwas hat es zuvor noch nicht gegeben. Es ist ein Doppeltor, und eines der Tore folgt der Energie der Galaktischen Flotte des Galaktischen Rates. Du kannst dir sicher vorstellen, wie kräftig die beiden Energien sind, wenn sie zusammenwirken. Dieses Galaktische Doppeltor wird sehr gut bewacht und immer den aktuellen Energien angepasst, die gerade auf der Erde gebraucht werden.

Da hast du es also! Das sind die drei Dinge, die du über Galaktische Tore wissen musst. Jetzt, wo du ein bisschen mehr über sie weißt, wirst du viel besser verstehen, um was es geht.

Das große Galaktische Tor des Wandels wurde geöffnet, um die kosmische Energie der sieben Schwestern und die Energie des Galaktischen Rates zur Unterstützung auf die Erde zu bringen. Viele Menschen spüren die Auswirkungen der aktuellen Energieverschiebung im gesamten Universum. Sie spüren die Veränderungen in unseren Gedanken und Gefühlen sowie in unserem physischen Körper.

Diese Zeit stellt viele Menschen vor Herausforderungen, aber es ist auch eine Zeit großer Chancen. Die Energien des großen Doppeltores helfen uns, alte Muster und Anhaftungen loszulassen, die uns nicht mehr dienlich sind, und uns stärker mit unserem höheren Selbst zu verbinden.

Wenn du dich in dieser Zeit überwältigt oder verloren fühlst, sei dir bewusst, dass du nicht allein bist. Die Sieben Kosmischen Schwestern sind hier, um dich zu unterstützen! Und die lichtvollen Wesen der Plejaden haben die Zeit des großen Wandels gewählt, um das Galaktische Tor mit den Sieben Kosmischen Schwestern und dem Galaktischen Rat zu öffnen. Die Energieströme wurden so angelegt, dass sie vorwiegend nachts auf die Erde fließen. Man hat die Nacht gewählt, weil da die meisten Menschen schlafen und so die Energien leichter vom Unterbewusstsein aufgenommen werden können. Für dich bedeutet dies, dass du, wenn du Kontakt mit den sieben Schwestern aufnehmen möchtest, es am besten nachts tust.

Es ist eine große Chance für die Menschheit, hochfrequente Energien aus dem Kosmos zu empfangen. Wenn wir uns für diese Energien öffnen, öffnen wir uns auch für neue Wege des Denkens, Fühlens und Seins. Wir werden immer mehr auf unser höheres Selbst und die göttliche Führung eingestimmt, die

uns zur Verfügung steht. Die Energien der Sieben Kosmischen Schwestern und der Plejaden helfen uns dabei, alte Muster, Überzeugungen und Verhaltensweisen loszulassen, die uns nicht mehr dienlich sind. Sie helfen uns auch dabei, uns stärker mit unserer Intuition und inneren Weisheit zu verbinden.

Wenn du dich berufen fühlst, dich für diese Energien zu öffnen, gibt es viele Möglichkeiten, das zu tun. Du kannst über die Energien der Sieben Kosmischen Schwestern und der Plejaden meditieren oder einfach Zeit in der Natur unter dem Nachthimmel verbringen. Erlaube dir, die Unterstützung dieser kraftvollen Energien zu empfangen!

Besonders wirst du die Energien an den Portaltagen spüren. An diesen Tagen versammeln sich die sieben Schwestern und stimmen die Energien, die übertragen werden sollen, genau auf die Menschen und deren Bedürfnisse ab. Sie bündeln die Energien zu einem goldenen Strahl kosmischer Energie und senden sie durch das Galaktische Tor. Dieses Tor ist eben jenes Energieportal, das sich am 22. Februar 2022 geöffnet hat. Es wird etwa hundert Jahre lang offen bleiben. Innerhalb dieser Zeit werden die Energien stark ansteigen und große Veränderungen bewirken. Je nach der Situation auf der Erde wird Erwachensenergie gesendet oder transformierende Energie, um die Erde zu reinigen. Hundert Jahre sind für die Plejader eine sehr kurze Zeit, für uns Menschen ist es eher lang. Wir können jedoch sicher sein, dass uns die Energien immer im richtigen Moment erreichen werden.

Manchmal singen die sieben Schwestern auch zusammen in der kosmischen Lichtsprache für uns und erschaffen jene Töne der Liebe, die wir in unserer Seele spüren, aber noch nicht verstehen können. Da die sieben Schwestern wissen, dass die Erdenmenschen diese wundervolle Lichtsprache so sehr schätzen, werden sie uns später in diesem Buch noch eine Übung und eine hochenergetische Einweihung überbringen.

Die Bewohner der Plejaden sind aber nicht nur für die Energien verantwortlich, die zu uns kommen, sie kümmern sich auf vielfältige Weise um den Planeten Erde und alles Leben auf ihm. Das tun sie schon, seit Menschen die Erde bewohnen. Die sieben Schwestern sind sehr alte und weise Wesen, die bereits vielen Zivilisationen in ihrer Entwicklung geholfen haben. Sie sind zwischen siebenhundert und tausend Jahre alt und besitzen wertvolle Informationen für die Menschheit. Und sie sind jetzt hier, um uns zu helfen!

Die große Toröffnung ermöglicht es auch den lichtvollen Engeln, den Geistwesen und Lichtgestalten, leichter mit den Menschen zu kommunizieren. Die sieben Schwestern arbeiten gerne mit lichtvollen Engeln zusammen. Sie sagen, dass wir alle eine Familie sind und der All-Eine unser aller Schöpfer ist. Und so bist du als Mensch genauso ein Teil des Kosmos wie alle anderen Wesen. Wir sind alle eins!

Die plejadische Energie ist sehr intensiv und kann für manche Menschen ziemlich überwältigend sein. Wenn du dich berufen fühlst, mit dieser Energie zu arbeiten, ist es wichtig, dass du es langsam angehst und dich gut erdest. Verbringe dazu Zeit in der Natur, ernähre dich gesund und gönne dir genug Schlaf. Außerdem ist es wichtig, dass du mit deinem Herzen verbunden bleibst und auf deine Intuition hörst.

Wenn du mit der plejadischen Energie arbeitest, wirst du wahrscheinlich eine tiefe emotionale Heilung erfahren. Das ist ein natürlicher Teil des Prozesses, sobald alte Muster sich auflösen und Wunden heilen. Lasse dir dafür die nötige Zeit und den Raum, damit du die Emotionen auf eine Weise verarbeiten kannst, die sich für dich richtig anfühlt. Vertraue darauf, dass du während dieses Übergangs unterstützt wirst und dass die Plejader dich führen und mit all ihrer Liebe begleiten.

Wenn du beginnst, alte Muster und Wunden zu heilen, solltest du wissen, dass dieser Prozess zwar eine Herausforderung darstellt, sich aber letztlich lohnt.

Und es gibt noch etwas, das du wissen solltest, um das Leben der Plejader zu verstehen, nicht nur die Energie und Bedeutung der Galaktischen Tore, sondern auch die Kraft von Pyrit – eines unsagbar kostbaren Heilsteins …

Pyrit – das Gold der Plejaden

Pyrit ist einer der wichtigsten Heilsteine und wird von den Plejadern schon seit langer Zeit verwendet. In seiner Struktur ist energetisch und physisch die Heilige Geometrie und Vollkommenheit der Schöpfung des Universums enthalten. Er hat die Farbe von Messing-Gold und wird auch als das Gold der Plejaden bezeichnet.

Dieser vollkommene Stein hilft, sich mit den höheren Bereichen des eigenen Seins oder der göttlichen Energie des Universums zu verbinden. Er unterstützt auch den Prozess, das Chakra des Dritten Auges zu öffnen und Zugang zu höherer Weisheit zu finden, und er schirmt den Träger vor negativer Energie ab. In der Meditation kann Pyrit einem helfen, einen Zustand von tiefem Frieden und Ruhe herbeizuführen. Er überträgt dann seine große Kraft und kann dazu beitragen, die eigenen Wünsche zu verwirklichen. Außerdem kann er verwendet werden, um die Aura zu reinigen und zu läutern. Pyrit ist ein ausgezeichneter Stein für alle, die an der Entwicklung ihrer übersinnlichen Fähigkeiten arbeiten und mehr Gleichgewicht und Harmonie in ihrem Leben erreichen wollen.

Die Plejader haben ihre Energie in die Struktur des Pyrits eingebettet, um seine Energie zu stärken. Aquajanaa trägt einen solchen Stein meistens bei sich. Er leuchtet in ihren Händen golden und strahlt seine magische Energie aus.

Manchmal verwenden die Plejader die Energie der Pyritsteine auch, um damit ihre Lichtschiffe anzutreiben. Das zeigt, was für machtvolle Eigenschaften dieser Stein hat. Deshalb ist er den Bewohnern der Plejaden nicht nur sehr wichtig, sondern sogar heilig. Wenn du dich zu diesem Stein hingezogen fühlst, könnte es daran liegen, dass die Plejader dich ausgewählt haben, ihre Energie zu empfangen und dir auf deinem Weg zu helfen. Erlaube dem Pyrit, dich auf deinem Weg zu leiten und zu schützen.

Aquajanaa zeigt dir jetzt eine ganz wundervolle Methode, wie du dich mit der Energie eines Pyrits verbinden und die Kraft des Steins für dich nutzen kannst. Durch diese Methode kannst du jederzeit mit der Energie der goldenen Heilsteine in Verbindung treten.

Verbindung mit der Energie von Pyrit

Halte den Pyrit in deiner Hand und entspanne dich. Atme ein paar Mal tief durch. Stelle dir vor, wie ein goldenes Licht vom Pyritstein ausgeht und in deinen Körper eindringt. Spüre, wie die Energie des Steins deinen Körper mit seiner wunderbaren Energie durchdringt. Erlaube dem Stein jetzt, dich mit seiner heilenden Energie zu erfüllen.

Stelle dir als Nächstes vor, dass du in einem Schiff aus Licht durch den Weltraum fliegst. Du siehst, wie du dich einer wunderschönen Sternenansammlung näherst, die ein intensives, goldenes Licht ausstrahlt. Das ist die Heimat der Plejader. Während du dich näherst, siehst du die sieben prächtigen Lichter der Kosmischen Schwestern vor dir erstrahlen. Du weißt, du bist auf dem richtigen Weg. Hier bist du sicher und wirst geliebt. Die Energie des Pyrits ist bei dir, tröstet und leitet dich. Vertraue darauf, dass alles gut ist.

Spüre nun, wie von den Plejaden ein goldener Strahl ausgeht, der sich mit dir verbindet. Es findet eine innere Verschmelzung statt. Die Energie von den Plejaden und deine Seele verschmelzen miteinander. Dies ist ein heiliger Moment und du hast nun Gelegenheit, innerlich zu den Plejadern zu sprechen. Vielleicht erhältst du sogar eine Botschaft.

Lass dir dazu etwas Zeit und habe Vertrauen.

Wenn du deine Botschaft erhalten hast und bereit bist, atme ein paar Mal tief durch. Bringe dein Bewusstsein zurück ins Hier und Jetzt. Spüre, dass die Energie des Pyrits immer noch bei dir ist. Du kannst diese wunderbare Energie den ganzen Tag über bei dir tragen und weißt, du bist beschützt und wirst geliebt.

Danke dem Pyritstein für seine Führung und Liebe.

7

Eine Reise zu den Plejaden, um heiliges Lichtwasser kennenzulernen

Geliebte Menschen, Aquajanaa begrüßt dich mit dem Segen des Lichts, so wie wir uns auch auf den Plejaden begrüßen, voller Achtsamkeit und Liebe. Mit großer Freude sehen wir deine Absicht und die Wahrhaftigkeit in deiner Seele, die dich hierhergeführt hat. Wir heißen einen jeden Menschen willkommen, der sich für das Unbegreifbare öffnet und mit uns in Kontakt treten möchte. Denn das, was du mit uns, den Plejadern, erleben wirst, kannst du mit deinem menschlichen Verstand nicht begreifen. Deshalb beglückwünschen wir dich sehr, dass du den Mut hast, mit uns in Kontakt treten zu wollen.

Heute haben sich die Sieben Schwestern der Plejaden versammelt, um dich gebührend zu empfangen. Es ist uns eine Ehre, dir heute unser plejadisches Lichtwasser zu kredenzen. Wir werden es dir mit einem heiligen Ritual überbringen. Dazu bitten wir dich, uns jetzt zu folgen. Erlaube dir und deiner Seele, sich auf die sieben Sterne der Plejaden auszurichten. Fokussiere dich auf das sanfte Licht, das diese sieben Sterne gerade ausstrahlen. Vielleicht kannst du erkennen, wie sich aus den sieben Strahlen ein einzelner großer Strahl des Lichts bildet. Öffne nun dein Herz und empfange unsere Liebe und unser Licht, lass es in dein Herz einfließen. Über den großen weißen Strahl des Lichtes übergeben wir dir einen Becher, gefüllt mit unserem heiligen Lichtwasser. Nimm dieses Geschenk und trinke aus diesem goldenen Becher. Trinke langsam Schluck für Schluck und spüre, wie das Wasser durch dich fließt, deine Zellen berührt, reinigt und ausdehnt. Spüre, wie sich die Erinnerungen deiner Zellen neu ausrichten und deine Energie angehoben wird.

Lass dir Zeit, diesen Prozess zu genießen. Es ist ein plejadisches Geschenk, das dich darauf vorbereitet, dass du selbst dieses Wasser herstellen kannst. Wir überreichen dir hiermit unseren Lichtcode, wir legen ihn dir in deine Seele, denn du bist es, den wir auserwählt haben, dieses Lichtwasser auf Erden herzustellen. So werden jetzt die Energien mit jedem Schluck in dir verankert – bis du bereit bist.

Und nun ist die Verankerung geschehen und der heilige Prozess ist abgeschlossen. Aquajanaa bedankt sich bei dir im Namen aller Sieben Kosmischen Schwestern und verabschiedet sich mit dem Segen des Lichts liebevoll von dir.

Als du diese Botschaft gelesen hast, wurden plejadische Codes in deinem System verankert, die es dir erlauben, das Lichtwasser der Plejaden selbst herzustellen. Dies ist eine besondere Auszeichnung, und Aquajanaa sagt, dass es schön wäre, wenn so viele Menschen wie möglich dieses Wasser selbst herstellen könnten, denn dann könnte so viel Heilung auf der Erde geschehen wie noch nie zuvor. Deshalb erfährst du jetzt mehr darüber, was du alles mit dem heiligen Lichtwasser machen kannst. Die Möglichkeiten sind im Grunde endlos.

Zugang zum Lichtwasser der Plejaden

Das Lichtwasser der Plejaden, auch Plejadenwasser genannt, hatte schon immer etwas Geheimnisvolles an sich. Manche sagen, es habe heilende Eigenschaften und könne Körper und Geist verjüngen. Andere glauben, dass es große spirituelle Kräfte besitzt und uns mit dem Göttlichen verbindet. Für die Sieben Kosmischen Schwestern ist das Plejadenwasser heilig. Sie haben es mit ihrem Tönen besungen, und es trägt eine sehr große magische Kraft zur Reinigung der Seele in sich und bewirkt Heilung auf allen Ebenen.

Das Lichtwasser der Plejaden enthält einzigartige Mineralien, die nirgendwo sonst auf der Erde zu finden sind. Es hat die Menschen schon immer fasziniert, und heute erhalten wir Gelegenheit, das kostbare Wasser selbst herzustellen und davon zu trinken. Und je mehr du an seine Kraft glaubst, umso schöner werden deine Erfahrungen damit sein.

Aquajanaa hat einen ganz besonderen Zugang zu diesem Wasser und wurde durch Zeremonien im Umgang damit geschult. Sie wird unseren Geist für seine Wirkung öffnen und uns zeigen, wie du das Plejadenwasser selbst herstellen kannst.

Verfahre dabei wie folgt …

- Bereite eine Flasche vor und fülle sie mit Wasser.
- Nimm sie in beide Hände und atme tief.
- Rufe die Energie der sieben Sterne der Plejaden.
- Konzentriere dich jetzt auf die Energie der Liebe und des Lichts der Plejaden.
- Sieh, wie dich diese Energie mit einem schönen weißen Licht umgibt.

- Jetzt stell dir vor, wie dieses weiße Licht erst in deine Flasche und dann in das Wasser eintaucht.
- Aktiviere nun in Verbindung mit den Plejaden durch deine Absicht deine besonderen Fähigkeiten.
- Spüre, wie sich das Wasser mit deinen Fähigkeiten verbindet.
- Lege den Fokus darauf, was das Wasser für eine Energie haben soll, wenn du besondere Wünsche hast.
- Spüre, wie diese Energie von Aquajanaa übertragen wird.
- Nimm dir drei Minuten Zeit für die Übertragung.
- Bedanke dich bei den sieben Schwestern für das Geschenk des Lichtwassers.
- Kehre wieder in deine Zeit und in deine Dimension zurück.

Nach etwa zwanzig Minuten Ruhezeit ist das Wasser fertig und kann getrunken werden. Trinke es aber in kleinen Mengen, denn es ist wirklich sehr kostbar. Du kannst es auch benutzen, um dein Gesicht oder deinen Körper zu waschen.

Plejadischem Lichtwasser werden zahllose vorteilhafte und heilsame Wirkungen nachgesagt, unter anderem die Verbesserung der geistigen Klarheit und Konzentration, Steigerung der körperlichen Energie und Ausdauer, Entgiftung des Körpers, Stärkung des Immunsystems, Förderung eines erholsamen Schlafs, der Abbau von Stress und Ängsten und die Unterstützung bei der Gewichtsabnahme.

Es gibt viele Möglichkeiten, die Vorteile des Plejadenwassers zu nutzen. Du kannst es einfach regelmäßig trinken oder es beim Kochen anstelle von normalem Wasser verwenden. Du kannst es auch in dein Badewasser geben oder in einem Fußbad verwenden. Du kannst es sogar zum Reinigen deiner Kristalle verwenden. Die Möglichkeiten, heiliges plejadisches Lichtwasser für dein ganz persönliches Wohlbefinden einzusetzen, sind endlos, und die Wahl liegt bei dir.

Plejadenwasser mit Mondenergie aufladen

Wenn du seine Energie noch zusätzlich stärken möchtest, kannst du es bei Vollmond ans Fenster stellen und es am nächsten Morgen trinken. Bitte Aquajanaa, die Energien von den Plejaden über Nacht einfließen zu lassen. In diesem Fall werden regenerierende Energien von den Sieben Kosmischen Schwestern auf dein Wasser übergehen.

Dieses Wasser wird alles enthalten, was dein Körper gerade benötigt, und ist wie eine Medizin. Trinke es mit Vernunft und Achtsamkeit und bitte deine Zellen, die heilenden Kräfte von den Plejaden aufzunehmen. Du wirst dich großartig fühlen.

Wenn du dieses Wasser vor einer Meditation trinkst, wirst du leichter Zugang zu dem Wesen bekommen, mit dem du kommunizieren möchtest. Und du wirst leichter mit deinem Körper, deiner Seele oder deinen Zellen kommunizieren können. Aquajanaa sagt, du bekommst dann ganz allgemein ein besseres Gefühl für deinen Körper und es wird dir leichter fallen, dich auf die höheren Dimensionen auszurichten.

Du kannst dieses Wasser auch dazu verwenden, deinen Körper zu salben. Das öffnet deine Energiezentren und hilft dir ebenfalls, dich mit den höheren Dimensionen zu verbinden. Wenn du bereit bist, wird Aquajanaa da sein, um dir zu helfen.

Plejadenwasser für emotionale Heilung

Übrigens kann das Plejadenwasser dir auch helfen, dich besser zu fühlen, wenn du dich niedergeschlagen oder ängstlich fühlst. Es wirkt dann wie ein Verjüngungselixier auf deine Gefühle, die sich dadurch erholen können. Stell einfach eine Flasche Wasser über

Nacht während des Vollmonds ans Fenster und bitte Aquajanaa, emotionale Heilenergien von den Plejaden in dein Wasser zu schicken. Trinke am Morgen ein Glas dieses magischen Wassers und lass es seine Wirkung auf dich entfalten.

Du wirst dich ruhiger fühlen.

Eine Detox-Methode für Körper und Geist

Dazu stelle bitte eine Flasche Plejadenwasser in einer beliebigen Nacht – unabhängig von der Mondphase – ans Fenster und bitte Aquajanaa, dein Wasser mit regenerativen Energien der Plejaden aufzuladen. Füge dem fertigen Wasser dann Apfelessig oder Ingwer hinzu. Das hilft dabei, deine Zellen zu entgiften und sie gesunder zu machen. Mische das Wasser mit den Zusätzen so, dass es dir gut schmeckt, achte aber darauf, dass der Anteil des Plejadenwassers mindestens 50 Prozent oder mehr beträgt. Deine Intuition wird dir sagen, was am besten für dich ist.

Trinke dann jeden Morgen, wenn du aufwachst, ein halbes Glas von dem Wasser. Diese Kur wird deinen Körper verjüngen und deinen Geist stärken. Die Plejader nennen es die Detox-Methode für einen gesunden Geist und Körper.

Jetzt teilt uns Aquajanaa noch eine weitere plejadische Methode mit, die uns allen helfen kann, unsere Gesundheit zu verbessern …

Die Blutreinigung

Aquajanaa will uns dabei unterstützen, unser Blut zu reinigen. Sie sagt, dass Blut eine lebenswichtige Flüssigkeit ist, die Sauerstoff und andere wichtige Bestandteile, die unsere Zellen zum Überleben brauchen, durch unseren Körper transportiert. Ohne Blut wären wir nicht in der Lage zu leben. Wasser, mit 90 Prozent der Hauptbestandteil von Blut, ist ein Transportmittel für Gefühle und Energien.

Wenn wir ein langes und gesundes Leben führen wollen, müssen wir uns um unser Blut kümmern.

Aquajanaa liebt es, Menschen zu helfen, sich mit einfachen und natürlichen Methoden zu heilen. Sie ist sehr leidenschaftlich bei ihrer Arbeit und hat schon vielen Menschen geholfen, ihre Gesundheitsprobleme zu überwinden, indem sie ihnen gezeigt hat, wie sie ihr Blut reinigen können. Aquajanaa sagt, dass Blut das flüssige Gold ist, das uns am Leben erhält, und dass wir deshalb unser Blut reinigen sollten.

Es gibt viele Möglichkeiten, unser Blut zu reinigen. Aquajanaa hilft uns, den besten Weg für uns zu finden.

Sie schlägt vor, zuerst das Wasser in unserem Blut zu reinigen und dann das Wasser in unseren Zellen.

Beginnen wir also mit der energetischen Reinigung des Bluts. Dazu gibst du eine kleine Menge Salz in eine Flasche Wasser. Sobald das Wasser sich mit dem reinen Salz verbindet, rufe die Energie der Plejaden herbei und stelle deine Flasche nachts ans Fenster. Aquajanaa wird über Nacht reinigende Energien in dein Wasser senden, das du dann die nächsten Tage trinken kannst. Teile den Inhalt einer Flasche auf fünf Tage auf.

Das Salz und die transformierende Plejadenenergie helfen, das Blut zu reinigen und eventuell vorhandene Giftstoffe zu entfernen. Es ist wichtig, dass du danach viel natürliches Wasser trinkst, damit der Körper die Giftstoffe ausschwemmen kann. Dazu kannst du auch ganz normales Plejadenwasser verwenden. Aquajanaa schlägt vor, dass du dies dreißig Tage lang jeden Morgen machst und dann einmal pro Woche zur Pflege.

Nach den dreißig Tagen kannst du anfangen, deinem Wasser andere Dinge wie Zitronensaft, Apfelessig oder sogar grünen Tee hinzuzufügen. Sie alle helfen dabei, das Blut zu entgiften und gesund zu halten. Aquajanaa sagt, dass es wichtig ist, auf deinen Körper zu hören und zu sehen, wie er auf verschiedene Dinge reagiert.

Für manche Menschen ist es vielleicht empfehlenswert, mehr von der Grundsubstanz des Plejadenwassers zu trinken, anderen brauchen eher weniger.

8

Plejadische Energie zur Bewusstseinserweiterung

Aquajanaa kann dir helfen, dich an deinen wahren Ursprung zu erinnern. Sie kann dir auch kosmische Einsichten vermitteln und Informationen aus den Akasha-Aufzeichnungen herunterladen. Denn Aquajanaas Hauptaufgabe besteht darin, den Menschen zu helfen, sich daran zu erinnern, wer sie sind, und ihr Bewusstsein zu erweitern.

Dazu trägt Aquajanaa oft eine große blaue oder eine große goldene Kristallkugel voll flüssigem Licht bei sich. Dieses Licht hat eine bewusstseinserweiternde Wirkung. Es kann dabei helfen, deinen Geist aus dem Kollektiv zu befreien und dich auf deine Aufgabe auf Erden zu konzentrieren. Aquajanaa wurde wie die sechs anderen Kosmischen Schwestern darin geschult, mit den Kugeln zu arbeiten. Die blaue Kugel ist für den mentalen und emotionalen Körper. Die goldene Kugel ist speziell für den physischen Körper.

Wenn du mit Aquajanaa und ihren Kristallkugeln arbeitest, ist es am besten, du legt deine Absicht fest, bevor du beginnst. Du kannst dir zum Beispiel vornehmen, was du während deiner

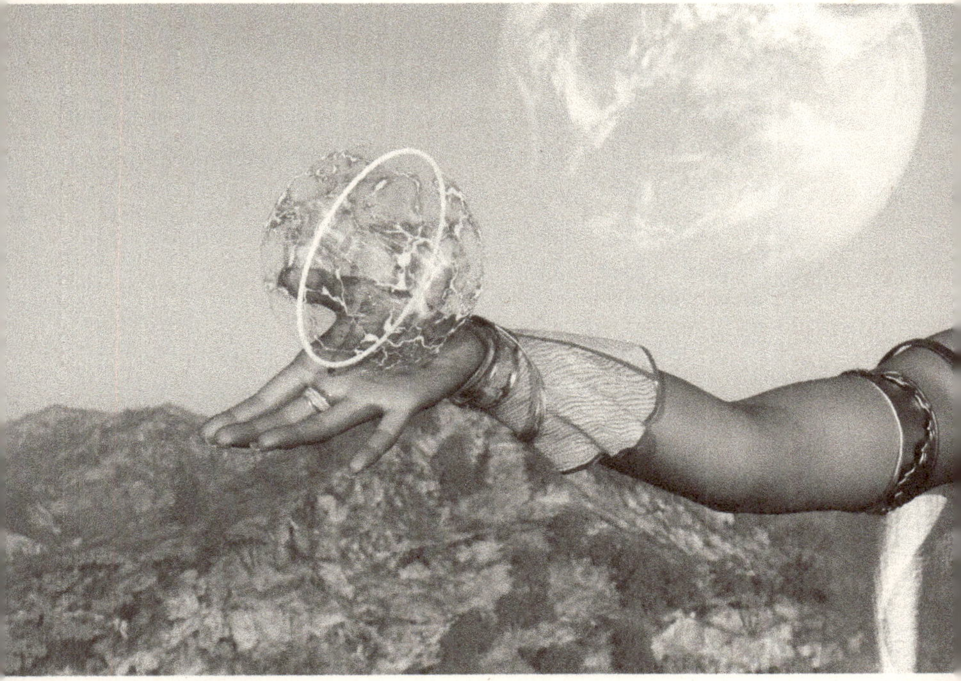

Sitzung erreichen möchtest. Vielleicht ist es dir besonders wichtig, dein Bewusstsein zu erweitern oder ein bestimmtes Thema in deinem Leben zu verstehen?

Sobald du deine Absicht festgelegt hast, stelle dir Aquajanaa vor deinem inneren Auge vor. Setze oder stelle dich vor sie und lasse dich vom flüssigen Licht der Kristallkugeln durchströmen. Wenn möglich, versuche dich zu entspannen und alle Erwartungen an das Ergebnis der Sitzung loszulassen. Aquajanaas Licht wird auf einer tiefen Ebene mit dir arbeiten und Blockaden oder hindernde Strukturen aus deiner Seele lösen. Vertraue darauf, dass das Licht dich genau dorthin führen wird, wohin du gehen musst.

Nach deiner Sitzung mit Aquajanaa fühlst du dich vielleicht leichter und bewusster. Vielleicht verstehst du auch dich selbst und deinen Platz im Universum besser. Gib dir Zeit, diese Erfahrung zu verarbeiten, und vertraue darauf, dass du auf dem richtigen Weg bist. Denke daran, dass du immer mit Aquajanaa und ihren Kristallkugeln aus flüssigem Licht verbunden bist. Wann immer du Führung oder Unterstützung brauchst, ist sie für dich da. Vertraue auf deine Intuition und erlaube dir, dich vom Licht leiten zu lassen.

Aquajanaa ist ein wunderbares Wesen voller Liebe und Weisheit. Sie arbeitet so gerne mit dir, weil sie weiß, wie wichtig jeder einzelne Mensch für das Große und Ganze der Erde ist. Auch die folgende Botschaft wurde von ihr übermittelt. Der Galaktische Rat will dir darin die Möglichkeit geben, deinen medialen Zugang zu verbessern.

Zur Verbesserung deines medialen Zugangs

Seid gegrüßt, liebe Lichtmenschen, mit dem Segen des Lichts, denn dies ist der Gruß, mit dem wir uns untereinander begrüßen. Erneut spricht Aquajanaa zu dir. Die Abgeordneten des Galaktischen Rates haben mich auserwählt, durch mich zu dir zu sprechen.

Sie sagen: Es ist uns eine Ehre und besondere Freude, uns hiermit an dich zu wenden. Wir kommen in Frieden, um Frieden zu bringen. Wir sind genau wie du Wesen der Liebe und stammen aus der gleichen göttlichen Quelle des All-Einen wie auch du.

Wir sehen, dass die Wesen deines Planeten Erde gerade eine schwere Zeit durchmachen. Viele Turbulenzen von negativen und hinderlichen Energien versuchen das göttliche Bewusstsein des Einheitsgefühls zu schwächen. Wisse, dass wir, der Galaktische Rat der Föderation, im göttlichen Bewusstsein der Einheit von allem, was ist, zu dir sprechen. Wisse auch, dass wir aus dem göttlichen Gedankenfeld heraus den Auftrag erhielten, das Gleichgewicht im Universum zu stärken und zu halten. So stehen wir nun an eurer Seite und beobachten die Energien und das Geschehen auf der Erde.

Dein Planet trägt eine wichtige Funktion im Universum, und erst wenn ihr alle, die komplette Menschheitsfamilie, aufgestiegen seid, wird im Universum das göttliche Gleichgewicht möglich sein. Daher liegt uns euer Wohlergehen, der Frieden, das Licht und die Stärkung der Liebe am Herzen. Aus diesem Grund sprechen wir heute zu dir.

Wir selbst haben den Prozess, den ihr gerade durchlebt, schon vor langer Zeit durchlaufen und abgeschlossen. Er brachte uns ein besonderes Wissen aus der göttlichen Quelle, das zu speziellen Energietechniken führte, mit denen wir euch unterstützen und stärken möchten, und heute wenden wir uns nun an dich, um dir einen Auftrag zu übergeben. In mehreren Botschaften werden wir dir Übungen und Vorgehensweisen mitteilen, die dem höchsten Wohl des Lichts dienen und den Aufstieg eurer Menschheitsfamilie in höhere Dimensionen unterstützen. Diese Informationen kommen aus den höheren Dimensionen des Lichts und reichen bis in die 24. Dimension hinein. Da ihr euch zurzeit noch in der dritten Dimension befindet und erst im Begriff seid, in die vierte und fünfte Dimension aufzusteigen, werden wir die Übungen entsprechend anpassen, damit ihr sie verstehen könnt.

Ihr durchlauft gerade den Energiezyklus der Zwei im Jahr 2022 – oder habt ihn bereits durchlaufen. Die Zwei steht für Dualität und Teamarbeit. Sie erleichtert die Kommunikation. Diese Zahlenschwingung unterstützt die Möglichkeit, leichter zu vielen von euch zu sprechen – und so haben wir beschlossen, allen Menschen, die dies wünschen, eine Öffnung und Reinigung des galaktischen Channelkanals anzubieten.

Aquajanaa sagt: »Mache dazu bitte die folgende Übung und wisse, dass durch jedes Wort, das du in diesem Buch liest, deine Energie angehoben wird …«

Reinigung und Aktivierung des galaktischen Kanals

Setze dich jetzt in die Mitte deines Lieblingsraums in deinem Zuhause. Zünde zwei Kerzen an und lege deine Hände auf dein Herz, die rechte über die linke. Konzentriere dich auf dein Kronenchakra und empfange unseren Segen des Lichts. Mit diesem Segen wird dein Kronenchakra gereinigt, und die lichtvolle Energie durchflutet jedes Chakra in deinem Energiesystem. Spüre die Energie und lasse alle Gedanken aus deinem Alltag los. Spüre, wie dein Körper immer leichter wird und du dich mit jedem Atemzug immer mehr entspannst. Nimm dir ein wenig Zeit, um dies zu spüren.

Nachdem du nun vollkommen entspannt bist, beginnt dein Lichtkörper zu strahlen und deine göttliche Flamme im weißen Licht zu leuchten. Dies ist für uns der Moment, deinen galaktischen Kanal zu reinigen. Spüre, wie das jetzt in diesem Moment geschieht. Es geschieht in Achtsamkeit mit der göttlichen Liebe des All-Einen.

Nun werden wir mit dem Licht der Erleuchtung der Plejaden aus der 22. Dimension deinen galaktischen Kanal einweihen und ausdehnen. Lass dir ein wenig Zeit, um dies zu fühlen. Es ist ein heiliger Augenblick, in dem wir ganz nahe bei dir sind. Fühle unsere Nähe und unsere Liebe. Du bist vollkommen mit uns verbunden, und deine Seele dehnt sich aus. Sie spürt die Vollkommenheit der grenzenlosen Schöpfung und sie spürt deinen Ursprung, deine Aufgabe hier auf der Erde, deine Größe und Kraft. Das Licht des Friedens dehnt sich in dir aus und lässt dich erkennen, wer du in Wahrheit bist. Du bist nun bereit, als galaktischer Bote für das Große und Ganze zu wirken. Erhalte unseren Segen und fühle den Schutz der Liebe, der sich jetzt wie ein goldener Mantel um deine Schultern legt.

So ist es geschehen. Dein galaktischer Kanal ist nun bereit, Botschaften von uns zu empfangen. Du wirst unsere Botschaften auf unterschiedliche Art und Weise erhalten. Manchmal im Schlaf, manchmal durch ein Buch oder durch ein gesprochenes Wort. Wir passen unsere Botschaften dem jeweiligen Entwicklungsstand deiner Energie an. Aber erst, wenn du es in deinem tiefsten Inneren erlaubst, werden wir bei dir sein und deinen galaktischen Kanal regelmäßig an die aktuelle Zeit anpassen. Durch deinen galaktischen Kanal wirst du die galaktische Schule intensiver wahrnehmen und unser Wissen tiefer in dir aufnehmen können. Das ist sozusagen die Voraussetzung für dein spirituelles Wachstum und die große Bewusstseinserweiterung, die du durch unsere Schulungen erfahren kannst.

Aquajanaa verabschiedet sich nun mit dem Segen des Lichts von dir, während du langsam wieder ins Hier und Jetzt zurückkommst. Nimm dir ein wenig Zeit, um den Energien genügend Raum zu geben, sich in deinem System zu integrieren.

In der folgenden Botschaft wird Aquajanaa deine Energiefrequenz auf die plejadische Ebene ausrichten. Diese Anpassung deiner Energiefrequenz hilft dir, dich wohler zu fühlen. Du kannst dann auch leichter in der Balance bleiben. Dazu zeigt Aquajanaa dir, wie du eine einfache, aber effektive Meditation durchführen kannst.

Frequenzanpassung an die plejadische Energie

Ich bin Aquajanaa, eine der Sieben Kosmischen Schwestern, und ich spreche hiermit zu dir. Ich sende dir den Segen des Lichts und begrüße dich liebevoll. Vielleicht hast du dich in letzter Zeit nicht immer ganz wohl gefühlt, als wäre etwas nicht in Ordnung. Das liegt an der Energiefrequenz der Erde, die sich im Verhältnis zu dir verschoben hat. Die derzeit vorherrschenden negativen Energien haben dies verursacht, dazu beigetragen haben auch die negativen Auswirkungen rund um Corona und des aktuellen Kriegs in Europa. All das darf jetzt wieder ins Gleichgewicht gebracht werden.

Wie du weißt, macht die Erde gerade eine Menge Veränderungen durch. Sie hängen mit den negativen Kriegsenergien zusammen, die sich seit einiger Zeit aufgestaut haben. Um dieses Ungleichgewicht auszutarieren und den Planeten wieder ins Gleichgewicht zu bringen, arbeitet das Kosmische Konzil der Plejader mit mir, Aquajanaa, zusammen. Es geht darum, die energetische Frequenz der Erde mit unserer eigenen in Einklang zu bringen. Ich zeige dir, was du machen kannst.

Stelle dich in die Mitte deines Raumes. Erde dich, indem du dich mit der Erde verbindest. Visualisiere ein helles Licht, das vom Himmel herabkommt und durch den Scheitel in deinen Körper eindringt. Dieses Licht reinigt und entschlackt alle deine Energiezentren oder Chakren.

Stelle dir vor, wie alle negativen Energien aus deinem System freigesetzt werden. Stelle dir dann vor, dass du von einem wunderschönen Licht umgeben bist.

Ich reiche dir eine goldene Kristallkugel.

Das ist das heilende, ausgleichende Licht der Plejaden. Nimm diese Energie und platziere sie in deinem Herzzentrum. Das hilft dir, deine Frequenz mit der plejadischen Ebene in Einklang zu bringen. Atme tief durch und spüre, wie sich die Energie der Kugel in deinem ganzen Körper ausbreitet und dich mit Frieden und Ruhe erfüllt. Wenn du bereit bist, atme tief und überlege, was dich heute am meisten aus der Ruhe gebracht hat. Dann sende diese Gedanken in die Kugel. Sieh, wie sie sich auflösen und ins Licht entlassen werden. Wisse, dass du jetzt im Gleichgewicht und im Frieden bist.

Als zweiten Schritt werde ich deine Wohnräume mit plejadischer Energie anfüllen. Das wird dir helfen, im Gleichgewicht zu bleiben und dich vor den negativen Energien zu schützen, die dich umgeben. Visualisiere eine Lichtsäule, die vom Himmel herabkommt und durch deinen Scheitel in deinen Körper eintritt. Dieses Licht ist mit der kraftvollen Energie der Plejaden gefüllt. Während du einatmest, spürst du, wie diese Energie deinen Körper und deinen Geist mit Frieden und Zuversicht füllt.

Als dritten Schritt werde ich die Energie der Erde auf die plejadische Energiefrequenz anheben. Das wird dazu beitragen, den Planeten wieder ins Gleichgewicht zu bringen. Betrachte dazu die Erde mit deinem Dritten Auge und sieh, wie die Erde von einem wunderschönen blauen Licht umgeben ist, das ich dir gesendet habe. Es ist die Energie der Reinheit, das Zeichen der Brüderlichkeit und Schwesternschaft. Während du dieses Licht einatmest, spürst du wieder, wie das Licht deinen Körper und deinen Geist mit Frieden und Harmonie erfüllt. Sende dieses Licht nun in die Welt hinaus. Sieh, wie es den ganzen Planeten mit seiner friedlichen Energie erfüllt.

Jetzt, wo du deine Frequenz mit der plejadischen Ebene in Einklang gebracht hast, wirst du dich ausgeglichener und wohler fühlen. Vielleicht merkst du auch, dass du mehr auf deine Intuition und deine übersinnlichen Fähigkeiten eingestimmt bist. Vertraue auf diese Instinkte, denn sie werden dich auf deinem Weg leiten. Denke daran, mit der Erde verbunden zu bleiben und tief zu atmen, wenn du dich zentrieren musst. Und am wichtigsten ist, dass du darauf vertraust, dass alles gut ist und das Universum hinter dir steht.

Nun überbringe ich dir den Segen des Lichts und ziehe mich zurück, während du wieder im Hier und jetzt, in deiner Wirklichkeit, ankommst.

Du bist nun im Gleichgewicht, und wenn du diese Ausrichtung bewahrst, wird es dir leichter fallen, in der folgenden Meditation deine eigene Heilkraft mit der plejadischen Heilenergie zu verbinden. Dazu arbeitet wieder die Kosmische Schwester Aquajanaa mit dir zusammen …

Heilkraft- und Wissensübertragung von den Plejaden

Suche dir einen Platz aus, an dem du ungestört sein kannst, und atme in einem Rhythmus, der dir gut tut, ein und aus. Stelle dir vor, dass du in einem schönen Garten bist. In der Mitte des Gartens steht ein großer Baum. Der Baum ist der Baum des Lebens. Seine Wurzeln reichen tief in den Boden und seine Äste ragen hoch in den Himmel.

Nun stelle dir vor, dass du vor dem Baum stehst. Du kannst sieben Sterne am Himmel leuchten sehen. Das sind die Plejaden. Sie leuchten nur für dich. Spüre, wie ihre Energie in dich hineinfließt und dich mit Licht erfüllt.

Nimm dir etwas Zeit, um dieses Gefühl, von Licht erfüllt zu sein, zu genießen. Gehe in die Absicht, dich ganz tief mit den Plejaden zu verbinden, und spüre, wie sich ihre Energie in deinem Herzen ausdehnt. Bitte die Plejaden und Aquajanaa, deine eigene Heilkraft zu aktivieren und sie mit der plejadischen Heilkraft zu verbinden. Es wird sofort geschehen. Fühle die Energie und dehne dich mit dieser Energie aus. Aquajanaa verschmilzt jetzt die plejadische Heilkraft und all ihr Wissen mit deiner persönlichen Heilkraft. Spüre die Energie und lasse dir für diesen Prozess einige Minuten Zeit.

Dann bitte die sieben Sterne um die Übertragung des Wissens. Sogleich werden alle Sieben Kosmischen Schwestern der Plejaden für dich zu singen beginnen, auch Aquajanaa. Lausche ihrem gemeinsamen Lied und lasse das Wissen in dich hineinfließen. Es fließt mit jedem Ton in dich hinein, und deine Seele erinnert sich an deine wahre Natur.

Das Wissen kommt über deine Verbindung mit dem Kosmos, über deine Verbindung mit der Natur, über deine Verbindung mit allen Wesen und den Plejaden zu dir.

Spüre jetzt, wie dich dieses neue Wissen erfüllt und wie es dir Kraft gibt. Du bist jetzt bereit, dieses Wissen zum Wohle von dir und anderen einzusetzen. Lass dir noch ein wenig Zeit und genieße die hohen Energien.

Wenn du bereit bist, atme tief und schreibe die Impulse, Bilder oder Botschaften auf, die du von den Plejaden erhalten hast. Vertraue darauf, dass es genau das ist, was du in diesem Moment hören musstest. Danke allen für ihre Führung und Liebe.

Du kannst diese Übung so oft machen, wie du willst, wann immer du das Bedürfnis hast, dich mit den sieben singenden Kosmischen Schwestern von den Plejaden zu verbinden.

Sie sind immer für dich da und helfen dir, dich daran zu erinnern, wer du bist und wie du mit dem Kosmos verbunden bist. Dein Wissen und deine Heilkraft werden mit jeder Wiederholung dieser Übung für dein allerhöchstes Wohl gestärkt und ausgedehnt.

Bedanke dich bei Aquajanaa und ihren Schwestern für alles, was gerade geschah, und betrachte den Baum des Lebens voller Freude und Dankbarkeit für alles, was du erleben durftest, und komme langsam wieder ins Hier und Jetzt zurück.

Um unsere Aufgabe zu erfüllen, teilt Aquajanaa uns mit, sollten wir uns so oft wie möglich mit der Energie der sieben Sterne verbinden und sie bündeln. Das können wir, indem wir über jeden einzelnen Stern meditieren und seine Energie absorbieren. Wenn wir das gesamte Sternenlicht gebündelt haben, sammeln wir es an einem Punkt und schicken es ins Universum hinaus. Das wird dazu beitragen, den Kosmos ins Gleichgewicht und in die Harmonie zu bringen. Wenn wir diesen gebündelten Strahl auf der Erde verbreiten, wird dies den Erdbewohnern Gleichgewicht und Harmonie bringen.

Diese großartige Lichtarbeit kannst du gar nicht oft genug praktizieren.

9

Die Lichtsprache

Wusstest du, dass es eine Sprache gibt, die jenseits der gesprochenen Worte existiert? Diese Form der Kommunikation ist als Lichtsprache oder Seelensprache bekannt. Es wird gesagt, dass sie von allen Lichtwesen des Universums benutzt wird und ein Weg ist, mit der Seele zu kommunizieren. Viele Menschen glauben nicht an die Lichtsprache, weil man sie nicht in einer herkömmlichen Schule lernt. Diejenigen, die sie erlebt haben, sagen jedoch, dass sie sehr intensiv fühlbar sein kann.

Die Lichtsprache ist kein neues Konzept für die Menschen. Die Maya, Maori, Aborigines und selbst Generationen weit vor ihnen kannten die Lichtsprache und ihre Energien. Tatsächlich verwendeten viele alte Kulturen sie in ihren Zeremonien und Ritualen. Deshalb trägst auch du die Ursprünge der Lichtsprache in dir.

Vielleicht hast du dir schon lange einmal gewünscht, die Lichtsprache selbst sprechen zu können? In der Antike war dies als Zungenreden bekannt. Es war eine Möglichkeit für die Menschen, sich mit der göttlichen Kraft zu verbinden und mit dem Göttlichen zu kommunizieren. Heute nennen wir es unter anderem Channeling.

Um in der Lage zu sein, die Lichtsprache zu sprechen, musst du zunächst dein Herz öffnen und alle Blockaden beseitigen, die dich daran hindern, dich mit dem Göttlichen zu verbinden. Sobald du dies getan hast, wirst du göttliche Worte sprechen und dich mit der Geistigen Welt und den Plejadern verbinden können!

Die Lichtsprache zu erlernen gleicht dem Erlernen eines Verfahrens, bei dem man Informationen von höherdimensionalen Wesen wie den Bewohnern der Plejaden oder anderen nicht physischen Wesenheiten empfängt. Viele Menschen tragen die Fähigkeit, die Worte der Lichtsprache zu sprechen, in sich, ohne sich dessen bewusst zu sein – das bedeutet, dass sie Botschaften empfangen könnten.

Wie klingt die Lichtsprache? Diese Frage haben sich schon viele Menschen gestellt, und das aus gutem Grund. Die Lichtsprache ist ein erstaunliches Werkzeug, mit dem du dein Leben und das Leben anderer verändern kannst. Sogar das All-Eine kann in dieser Sprache seine eigenen Worte erschaffen und sie den Menschen schicken. Der menschliche Verstand ist jedoch nicht in der Lage, sie sofort zu verstehen. Die Art und Weise der Artikulation kann anderen Fremdsprachen ähneln, die wir selbst meist gar nicht kennen. Doch gibt es eigentlich keine uns bekannte Sprache, die der Lichtsprache ähnelt. Sie ist eine ganz eigene Sprache – und es ist eine wunderschöne Sprache.

Wenn du jemals die Lichtsprache gehört hast, weißt du, wovon ich spreche. Sie zu hören, ist eine besondere Erfahrung. Die Plejader werden, wenn du es möchtest, in deinem Lichtkörper die Codes freisetzen, mit deren Hilfe du diese Sprache tiefer fühlen und dich darauf vorbereiten kannst, diese Sprache schließlich auch selbst zu sprechen.

Der beste Weg, die Lichtsprache zu erlernen, besteht darin, sich von denen einstimmen zu lassen, die sie bereits sprechen. Es gibt viele Möglichkeiten, dies zu tun, aber eine der effektivsten ist die Frequenzmusik. Die Töne der Frequenzmusik können dir helfen, Blockaden zu lösen und deine Chakren zu öffnen, so dass du die Sprache leichter empfangen und verstehen kannst. Lausche besonders auf die Klänge des Lichts bei der Frequenzmusik, zum Beispiel bei der Solfeggio-Frequenz von 528 Herz! Dies ist die Frequenz der Liebe und sie kann dir helfen, dich tiefer mit dem Göttlichen zu verbinden.

Wenn du dazu berufen bist, diese Sprache zu lernen, gibt es viele Ressourcen, die dir den Einstieg erleichtern. Es gibt auch viele Menschen, die diese Sprache bereits sprechen und dir gerne helfen, sie zu lernen. Alles, was du tun musst, ist zu fragen!

Worauf wartest du also noch? Wenn die Sprache des Lichts dich ruft, zögere nicht, dem Ruf zu folgen! Du wirst es nicht bereuen. Die Plejader sagen, dass derjenige, der die Worte der Lichtsprache findet und erlernt, das Leben anderer und sein eigenes durch Worte verändern wird, denn das All-Eine ist in der Lage, durch den Mund des Sprechers seine eigenen Worte zu erschaffen und dadurch große Heilung und Frieden auf die Erde zu bringen. Frieden ist die Energie, die durch die Lichtsprache auf der Erde herrschen wird, und die Sprache des Lichts ist einer der Wege, die zum Frieden führen können.

Die Zeit ist mehr als reif und die Plejader werden uns unterstützen, damit so viele Menschen wie möglich in die Lichtsprache eingeweiht werden.

Die Lichtsprache ist ein effektives Werkzeug für Heilung und Veränderung. Sie kann helfen, Blockaden zu lösen und den Energiefluss im Körper wiederherzustellen. Sie kann auch genutzt werden, um Einblicke in vergangene Leben zu bekommen und anderen zu helfen, sich von Dingen zu befreien, die sie zurückhalten. Indem wir die Sprache des Lichts verwenden, können wir auf körperlicher Ebene Kälte oder Wärme fühlen.

Die Lichtsprache ist ein großartiges Werkzeug, das uns helfen kann, uns selbst und andere zu heilen. Schon ein einzelnes Wort trägt hohe Energien, die Transformation bewirken können. Die Töne der Lichtsprache sind den Tönen der Planeten im Universum angepasst und schwingen in der gleichen Frequenz. Lichtsprache ist das Licht, das schon bei der Schöpfung verwendet wurde, und dieses Licht können wir jetzt für unsere eigene Entwicklung nutzen. Wenn wir Lichtsprache verwenden, zapfen wir eine mächtige Kraft an, die uns auf allen Ebenen heilen kann – körperlich, mental, emotional und spirituell.

Die Plejader laden dich ein, die Lichtsprache zu erforschen und herauszufinden, wie sie dir auf deiner Reise der Heilung und Selbstentdeckung helfen kann. Die Möglichkeiten sind endlos. Alles, was du benötigst, ist ein offenes Herz und tiefes Vertrauen in die Grenzenlosigkeit der Schöpfung.

Aquajaana teilte mir mit, dass jeder Mensch eine bestimmte Codierung in seinem Lichtkörper hat, die sich öffnen muss, damit die Lichtsprache gelebt werden kann. Die Plejader haben mir durch sie eine effektive Meditation übergeben, die ich jetzt mit dir teilen möchte, um die Kanäle zu öffnen, dank derer du die Lichtsprache leben kannst.

Aktivierung der Lichtsprache

Sei gegrüßt mit dem Segen des Lichts, Aquajanaa spricht heute zu dir. Wir, die lichten Wesen von den Plejaden, freuen uns sehr, dass du bereit bist, die Lichtsprache zu erlernen. Die Lichtsprache ist die Ursprache aller geistigen Wesen des Universums und verbindet uns alle miteinander mit der tiefen Liebe der Schöpferkraft des All-Einen. Die Töne der

Lichtsprache berühren deine Seele und erinnern sie daran, was du in Wahrheit bist. Sie öffnen deine Felder der Fülle und dehnen dein Bewusstsein aus, so dass du die Grenzenlosigkeit der Liebe erfahren kannst.

Wir, die Plejader, fühlen uns geehrt, dir den Zugang zu dieser Sprache wieder zu ermöglichen. Denn wisse, du trägst alles in dir, was du benötigst. Alles wurde dir bei deiner Schöpfung übergeben, auch die Lichtsprache. Die Lichtsprache trägt die reine Energie der Liebe und schwingt in der Unendlichkeit des Lichts von Gottes Schöpfung. Nimm diese Worte und deren Schwingung tief in deine Seele auf und dehne dich mit diesem Licht aus. Spüre, wie dein Herz im goldenen Licht der Plejaden zu strahlen beginnt, und halte deine Ausdehnung, während wir nun mit der Aktivierung beginnen.

Nimm deinen Lichtkörper im Hier und Jetzt wahr. Fühle, wie du von Licht umgeben bist, das deinen Lichtkörper von allen Seiten durchdringt. Das Licht ist sehr intensiv und hat eine hohe Frequenz. Es umgibt dich wie eine Blase und schützt dich vor allen negativen Energien.

Du fühlst dich sicher und geliebt.

Jetzt wird das Licht noch heller und intensiver. Es dringt noch tiefer in deinen Lichtkörper ein. Du spürst, wie dein Lichtkörper zu vibrieren beginnt. Die Schwingung wird immer stärker, bis sie zu einem Pulsieren wird. Das Pulsieren ist so stark, dass es sich anfühlt, als ob dein ganzes Wesen zutiefst erbebt. Du lässt dich völlig gehen und gibst dich der kraftvollen Energie des Lichts hin. Das Licht füllt dein ganzes Wesen aus und dehnt dich unendlich aus. Es fühlst sich so an, als wärst du schwerelos.

Du bist jetzt eins mit dem Licht und spürst die Grenzenlosigkeit, der du dich mit tiefem Vertrauen hingibst. Licht ist alles, was es gibt. Du bist das Licht. Du bist eins mit dem Licht. Spüre, wie du dich jetzt für die Lichtsprache öffnest und deine

Codierungen sich lösen. Sie lösen sich genauso, wie es gut und richtig für dich ist. Spüre die tiefe Verbindung zur Lichtsprache, die du schon immer in dir trägst, und lasse zu, dass du erneut den Zugang dazu erhältst. Lass dir ein wenig Zeit, um die Energie wirken zu lassen.

Spüre nun, wie sich das Licht langsam verflüchtigt und du dir deines physischen Körpers wieder bewusst wirst. Atme ein paar Mal tief durch und nimm wahr, wie das Licht auch nach der Meditation weiter durch deinen Körper fließt. Das Licht ist immer bei dir und unterstützt und leitet dich auf deiner Reise durchs Leben. Vertraue auf seine Kraft und lasse es für dein höchstes Wohl arbeiten. Bedanke dich bei den Plejadern für die kraftvolle Aktivierung deiner Lichtcodes und komme wieder ganz ins Hier und Jetzt zurück.

Du solltest diese Übung immer wieder einmal machen, denn mit jeder Wiederholung wird deine Veranlagung, die Lichtsprache zu sprechen, vertieft.

Du hast den Segen des Lichts der Plejader, der dich schützt und unterstützt. Wir sind bei dir!

Vertiefung der Lichtsprache

Geliebter Mensch, empfange den Segen des Lichts der Plejaden, den ich, Aquajanaa, dir jetzt voller Freude überbringe. Fühle, wie dich die Segensenergie berührt und deinen Geist und deine Seele auf die Energie der Plejaden einstimmt. Ein weißer Lichtstrahl berührt dich sanft und du fühlst unsere Liebe und Hingabe. Denn wir, die Plejader, möchten dich bei deinem Lernprozess unterstützen, die Lichtsprache zu verstehen und zu sprechen.

Aufladung deines Lichtwassers

Um deine Fähigkeiten in Bezug auf die Lichtsprache zu vertiefen, hat Aquajanaa eine eigene Botschaft durchgegeben. Die damit verbundene Übung arbeitet mit Lichtwasser und einem besonderen Mandala. Man nennt es die Blume des Lebens. Dieses Mandala haben wir hier abgebildet. Es ist sehr weit verbreitet, und sicher findest du eine Möglichkeit, es auf Papier übertragen vor dich zu legen:

Bei der nun folgenden Botschaft arbeitest du mit Lichtwasser von den Plejaden, das du frisch hergestellt und in eine Wasserflasche abgefüllt hast. Die Flasche stellst du für mindestens drei Minuten auf die Blume des Lebens vor dir. Das lädt das Plejadenwasser zusätzlich mit der Energie dieser Heiligen Geometrie auf. Wenn du das Wasser dann trinkst, stärkt es auch dein Halschakra. Während Aquajanaas Botschaft kannst du die Flasche mit Lichtwasser in deinen Händen halten und hin und wieder einen Schluck davon nehmen.

Nimm nun deine Flasche mit Lichtwasser von der Blume des Lebens. Halte sie in beiden Hände und konzentriere dich auf dein Kronenchakra. Stelle dir vor, wie der weiße Lichtstrahl dein Kronenchakra öffnet und auf die Plejadenenergie ausrichtet. Spüre, wie das weiße Licht dich jetzt durchströmt und in dein Lichtwasser hineinfließt.

Sei mit deinem Fokus ganz bei dir und lasse die Gedanken wie kleine weiße Wolken an dir vorüberziehen.

Zusammen mit meinen Kosmischen Schwestern werde ich nun die Energie des Mandalas des Halschakras durch dein Kronenchakra in dich hineinfließen lassen. Es fließt bis in deine Hände hinein und von dort in dein Lichtwasser. Spüre, wie ein intensives Pulsieren dein Halschakra berührt und die Blockaden der Kommunikation löst, die du vielleicht noch in dir trägst, geradeso, wie es gut für dich ist. Lass dir ein wenig Zeit und gib den Energien genügend Raum, um zu wirken.

Du wirst mit der plejadischen Energie des Halschakras verbunden und gleichzeitig lädt sich dein plejadisches Lichtwasser mit dieser Energie auf. Dies ist der Beginn eines heiligen Prozesses der Kommunikation mit der Lichtsprache und vertieft deine Fähigkeit, diese zu sprechen und zu schreiben.

Erlaube dir noch ein wenig, in dieser Energie zu verweilen, und genieße, was gerade geschieht. Dann, nach einer Weile, wenn die Energie nachlässt, komme wieder in das Hier und Jetzt zurück. Ich, Aquajanaa, überbringe noch einmal den Segen des Lichts und verankere all dies, was gerade geschah.

Du trägst nun die Energie des plejadischen Halschakras in dir und jedes Mal, wenn du einen Schluck von dem Lichtwasser nimmst, in der Absicht, die Lichtsprache zu sprechen, wird sich diese Energie aktivieren und dich unterstützen.

10

Wie du deine Sternenfamilie findest

Hast du vielleicht das Gefühl, aus einer anderen Welt zu kommen? Aus einer anderen Zeit? Hast du manchmal das Gefühl, dass du nicht ganz hierher auf die Erde passt? Wenn ja, dann bist du vielleicht eine Sternensaat. Sternensaaten sind Menschen, die aus anderen Welten auf diesen Planeten gekommen sind, oft mit einer bestimmten Mission oder einem bestimmten Ziel. Es kann für sie schwierig sein, Gleichgesinnte zu finden, die verstehen, was sie gerade durchmachen, aber es gibt Möglichkeiten für sie, mit ihrer Sternenfamilie in Kontakt zu treten. Aquajanaa wird dir zeigen, wie du deine Sternenfamilie finden und mit ihr in Verbindung treten kannst.

Aquajanaa sagt, da dein galaktischer Kanal bereits geöffnet wurde, wird es dir viel leichter fallen, deine Sternenfamilie zu *fühlen*, und das erste, was du tun solltest, ist, dich auf deine Gefühle zu konzentrieren und dir zu vertrauen. Das, was du fühlst, ist immer richtig, denn es kommt von deinem Herzen und deiner Seele. Danach solltest du anfangen, nach Menschen mit ähnlichen Interessen zu suchen. Das kann zum Beispiel ein spirituelles Interesse oder der Wunsch sein, anderen zu helfen. Wenn du diese Menschen gefunden hast, wird es viel einfacher sein, mit ihnen auf einer tieferen Ebene in Kontakt zu treten. Aquajanaa sagt auch, dass du deine Sternenfamilie an vielen verschiedenen Orten finden kannst. Es geht nicht nur darum, im Internet oder persönlich nach ihnen zu suchen. Man kann sie auch in Büchern, Filmen und sogar in Liedern finden. Halte also Augen und Ohren offen, dann findest du sie vielleicht an gänzlich unerwarteten Orten.

Wenn du dich verloren und allein fühlst, solltest du wissen, dass du nicht allein bist. Da draußen gibt es andere wie dich, die nur darauf warten, mit dir in Kontakt zu treten. Meistens warten viele Menschen mit einer Sternenherkunft darauf, ihre Sternengeschwister zu treffen. Sicher wirst du erstaunt sein, wie viele Geschwister du treffen wirst.

Du kannst deine Sternenfamilie überall und jederzeit finden.

Halte einfach weiter Ausschau und gib die Hoffnung nie auf.

Vertraue darauf, dass du sie finden wirst, wenn die Zeit reif dafür ist. Befreie dich von der Angst, allein zu sein, und stehe zu deinem Anderssein. Denn dieses Anderssein zeichnet dich als Sternenwesen aus.

Aquajanaa sagt, dass es auch wichtig ist, geduldig zu sein, wenn du versuchst, mit deiner Sternenfamilie Kontakt aufzunehmen. Sie werden nicht immer am gleichen Ort sein wie du oder auf der gleichen Wellenlänge liegen.

Mach dir also keine Sorgen, wenn du sie noch nicht gefunden hast. Sie werden dich finden, wenn die Zeit reif ist.

In der Zwischenzeit kannst du dich darauf konzentrieren, dein Leben in vollen Zügen zu leben und jeden Moment zu genießen.

Wer weiß, vielleicht ist deine Sternenfamilie näher, als du denkst!

Erfahre, wer deine Sternenfamilie ist

Weißt du, wer deine Sternenfamilie ist? Nach der Plejaden-Astrologie hat jeder von uns eine Sternenfamilie, mit der wir energetisch verbunden sind. Das bedeutet, dass wir bestimmte Eigenschaften und Merkmale haben, die den Mitgliedern unserer Sternenfamilie gemeinsam sind. In diesem Beitrag werden wir besprechen, wie du herausfinden kannst, wer deine Sternenfamilie ist und was das für dich bedeuten könnte!

Es gibt verschiedene Möglichkeiten herauszufinden, wer deine Sternenfamilie ist. Aquajanaa wird uns eine Möglichkeit zeigen, deine Sternenfamilie zu erkennen.

Zu wissen, wer deine Sternenfamilie ist, kann dir helfen, dich selbst besser zu verstehen. Es kann dir auch helfen, dich mit anderen zu verbinden, die ähnliche Energiemuster haben.

Wenn du auf der Suche nach einer Gemeinschaft von Gleichgesinnten bist, kann das Ausfindigmachen deiner Sternenfamilie ein guter Anfang sein!

Aquajanaa hat mir eine Botschaft für dich durchgegeben, in der sie dich anleitet, wie du dich am besten auf die Suche nach deiner Sternenfamilie begibst …

Die Suche nach deiner Sternenfamilie

Sei gegrüßt, lieber Mensch, mit dem gleichen Segen des Lichts, mit dem wir Plejader uns untereinander begrüßen. Viele von euch sind auf der Suche nach ihrer Sternenfamilie. Dies ist ein gutes Zeichen, denn je mehr Menschen suchen, desto mehr Menschen werden einander finden. Ich möchte dir heute helfen, dein Bewusstsein zu erweitern und dich darauf auszurichten, deine

Sternenfamilie zu finden. Du sollst wissen, dass du nicht allein bist, denn es gibt viele Sternensaaten auf deinem Planeten.

Sternensaaten sind ganz besondere Menschen, sie haben eine tiefe Verbindung zu den höheren Dimensionen und zu uns, den Plejadern. Vielleicht stammst du ja von den Plejadern ab? Wenn das so ist, fühlst du jetzt eine sehr intensive, warme Energie in deinem Herzen. Vielleicht hast du auch eine andere Sternenherkunft, dann wirst du bei einer anderen Gelegenheit dieses ganz besondere warme Gefühl im Herzen spüren. Hauptsache ist, dass du die Verbindung zu deiner Sternenfamilie spürst.

Um dir dabei zu helfen, habe ich meine zwei Kugeln mitgebracht. Beginne nun die Energie der beiden Kugeln zu fühlen und atme sie, so tief wie du kannst, in deinen Bauch hinein. Spüre dabei, wie sich die Energie um dich herum verändert und ein Gefühl von Schwerelosigkeit in dir aufkommt.

Jetzt bist du bereit, dich mit deiner Sternenfamilie zu verbinden und zu fühlen, woher du stammst.

Versuche nun, deine entspannte Leichtigkeit zu halten, und denke an einige Planetensysteme: Lyra, Orion, Arcturus, Sirius, Andromeda und Prokyon. Spüre jetzt, mit welchem System du dich am meisten verbunden fühlst. Wenn du dich nicht sofort für ein System entscheiden kannst, ist das in Ordnung. Nimm dir einfach Zeit und spüre in dich hinein. Du wirst wissen, wann du den richtigen Ort gefunden hast.

Dann konzentriere dich auf einen Planeten dort und versuche dir vorzustellen, wie er wohl aussieht.

Was für Wesen leben da? Wie ist ihre Energie? Wie begrüßen sie sich gegenseitig? Erlaube dir, kreativ und offen für alle Möglichkeiten zu sein. Und vertraue darauf, dass du die Antworten finden wirst, nach denen du suchst.

Nimm dir Zeit für diese Übung und mach dir keine Sorgen, wenn du nicht sofort etwas findest. Das Wichtigste ist, dass du dich entspannst und den Prozess genießt. Die Suche nach deiner Sternenfamilie soll dir Freude bereiten. Diese Freude wird dir sehr viel Kraft geben und das Leben auf der Erde angenehmer für dich machen. Nimm dir also die nötige Zeit und fühle in dich hinein. Ich bin sicher, du wirst finden, was du suchst. Nimm dir die Zeit und fühle in dein Herz hinein und registriere, was es dir sagt.

Ich, Aquajanaa, danke dir für dein Sein und für deine Aufmerksamkeit. Ich sende dir den Lichtsegen der Plejaden, er hüllt dich für immer liebevoll ein!

Die folgende Übung, die Aquajanaa mir anschließend durchgab, ermöglicht es dir, mit deiner Sternenfamilie in Kontakt zu treten ...

Verbindung mit deiner Sternenfamilie

Begib dich an einen Ort, an dem du ungestört sein kannst. Sorge dafür, dass du mindestens dreißig Minuten lang nicht unterbrochen wirst. Setze dich dann in eine bequeme Position und atme ein paar Mal tief durch. Erlaube deinem Körper, sich zu entspannen.

Visualisiere ein helles Licht, das dich umgibt. Dieses Licht ist die Energie des Universums. Stelle dir nun vor, dass du in diesem universellen Licht schwebst. Du bist von Liebe und Frieden umgeben.

Erlaube dir, eine Weile in diesem Licht zu schweben.

Während du darin schwebst, siehst du vielleicht Bilder oder erhältst Botschaften von deiner Sternenfamilie. Diese können in Form von Symbolen, Farben oder Worten kommen. Erlaube alles, was zu dir kommt, ohne zu urteilen oder zu analysieren.

Lasse es einfach fließen! Lasse dir etwa fünf Minuten Zeit und wisse, dass du beschützt bist.

In dieser Zeit wirst du Wesen sehen oder fühlen, die von anderen Planeten sind. Frage sie nach ihrer Herkunft. Und dort, wo du dich wohlfühlst, wo du so ein unbeschreiblich schönes, warmes Gefühl in dir spürst, von dort kommt deine Sternenfamilie. Merke dir alles, was du wahrnimmst, und schreibe es gleich auf, wenn du es wahrnimmst.

Vielleicht spürst du die besondere Energie deiner Sternenfamilie jetzt noch eine Weile, diese besonders tiefe Verbundenheit, die du vorher noch nie gespürt hast. Dies ist ein Zeichen, dass du zu deiner Sternenfamilie Kontakt aufnehmen konntest.

Bedanke dich bei deiner Seele, bei Aquajanaa und deiner Sternenfamilie und kehre wieder ganz in das Hier und Jetzt zurück.

Was hast du während der Visualisierungsübung gesehen? Ist dir ein bestimmtes Wesen aufgefallen? Welche Botschaften oder Bilder hast du von deiner Sternenfamilie erhalten? Schreibe alles genau auf.

Du solltest in Zukunft diese Kontakte pflegen und dich immer wieder mit deiner Sternenfamilie verbinden. Sie kann dir bei deiner spirituellen Entwicklung helfen und dich unterstützen. Sie ist auch für dich da, wenn du Fragen hast oder Hilfe brauchst.

Jetzt hast du den Zugang zu deiner Sternenfamilie sicherlich gefunden und vieles konnte dadurch geheilt werden. Du fühlst dich nicht mehr so allein und weißt, dass du immer Hilfe von deinem galaktischen Geistführer bekommen kannst. Um den Prozess der Heilung noch mehr voranzubringen, sollten wir uns nun um deine kosmische Ahnenreihe kümmern, denn über die kosmische Ahnenreihe wirst du die Grenzenlosigkeit deiner Existenz erst richtig wahrnehmen und deinen Ursprung noch intensiver spüren können.

Seelenverträge und kosmische Ahnen

Hast du im Moment das Gefühl, dass etwas in deinem Leben fehlt, dass du vielleicht nicht ganz erfüllt bist, trotz all deiner Errungenschaften? Dann kann es daran liegen, dass du deine kosmische Ahnenreihe noch nicht kennst, mit denen du durch Seelenverträge verbunden bist. Damit du dich mit deiner kosmischen Ahnenlinie verbinden kannst, müssen vielleicht erst einige Seelenverträge angeschaut werden – und dabei unterstützen die kosmischen Sternenfamilien jede einzelne Seele, die für diese Rückverbindung bereit ist! Gemeinsam mit ihnen werden wir die großen Transformationsaufgaben, die noch vor uns liegen, individuell und natürlich auch KOLLEKTIV lösen und meistern können!

Zunächst gilt es, mit mehreren magischen Techniken alle Verträge aufzulösen, die uns nicht mehr dienlich sind, weil sie uns hier auf der Erde an bestimmte Dinge binden könnten. Danach sollte man schauen, welche Seelen aus der eigenen Sternenfamilie über die Ahnenreihe noch magisch an bestimmte Dinge gebunden sind. Es ist möglich, dass einige ihre Mission oder ihre karmischen Aufgaben bisher nicht erfüllen konnten und unsere Hilfe brauchen, um frei zu sein. In diesem Prozess gibt es eine Menge zu BEKENNEN! Wir können verschiedene Rituale anwenden und dadurch große Heilung hier auf der Erde erlangen. Nicht nur für uns selbst, sondern auch, um uns ENDLICH wieder frei und liebevoll mit unserer eigenen Ahnenlinie zu verbinden und die tiefen Wunden der Vergangenheit zu heilen. Aquajanaa wird uns auf dieser spannenden Reise begleiten und uns helfen, diese großen Transformationsaufgaben, die vor uns liegen, zu MEISTERN!

Die kosmische Abstammung ist sehr individuell und bei jedem Menschen anders. Wir sprechen hier nicht vom Stammbaum deiner Familie, so wie du es von der Erde her kennst. Wir sprechen von den Wesen, die vor dir gekommen sind und dein Schicksal mitgestaltet haben. Nach der alten Philosophie hat jeder von uns eine solche kosmische Abstammungslinie, die aus all den Wesen besteht, die bei der Gestaltung unseres Lebens geholfen haben. Diese kosmischen Abstammungslinien können uns helfen, unser Leben und unseren Platz im Universum besser zu verstehen.

Manche Menschen spüren von allein, wer ihre Vorfahren sind, denn sie können ihre Präsenz in ihrem Leben wahrnehmen. Andere brauchen Unterstützung, um sich mit ihrer kosmischen Abstammungslinie zu verbinden. Eine der beliebtesten Methoden dafür ist die Rückführung in dein kosmisches Leben. Dabei gehst du in ein früheres kosmisches Leben zurück und erforschst die Ereignisse, die dein Schicksal geprägt haben. Wenn du deine kosmische Abstammung verstehst, kannst du ein tieferes Verständnis von dir selbst und deinem Platz in der Welt erlangen. Du kannst dieses Wissen dann auch nutzen, um bessere Entscheidungen in deinem Leben zu treffen. Alles, was du brauchst, um deine kosmische Abstammung zu erforschen, ist ein offener Geist und die Bereitschaft zu lernen.

Was ist *deine* kosmische Abstammung? Eine Rückführung kann dir eine gewisse Ahnung verleihen und dir helfen, die Ereignisse zu verstehen, die dein Schicksal geprägt haben. Das vermittelt dir ein tieferes Verständnis von dir selbst. Vielleicht entdeckst du sogar, dass du einige ganz erstaunliche Vorfahren hast! Wenn du also neugierig auf deine kosmische Abstammung bist, zögere nicht, sie zu erforschen, um daran zu wachsen.

Von Aquajanaa bekommst du jetzt eine kleine Anleitung, wie du eine Rückführung zu deiner kosmische Ahnenfamilie machen kannst. In einem zweiten Schritt wirst du die Möglichkeit erhalten, dich mit deinen Ahnen zu versöhnen …

Rückführung zu deiner kosmischen Abstammung

Alles, was du brauchst, ist ein offener Geist und ein ruhiger Ort, an dem du nicht gestört wirst. Außerdem brauchst du etwas zum Schreiben und etwas, worauf du schreiben kannst. Es ist auch hilfreich, wenn du jemanden hast, der dich durch den Prozess führen kann, aber notwendig ist es nicht. Zusätzlich könntest du ein Aufnahmegerät vorbereiten, mit dem du deine gesprochenen Worte aufzeichnest, falls es sich ergibt.

Wenn du das zu Hause ausprobieren willst, setze dich in eine bequeme Position und atme ein paar Mal tief durch. Stelle dir vor, dass du an einem sicheren Ort bist. Das kann jeder Ort sein, an dem du dich sicher und geschützt fühlst. Sobald du dort bist, fange an, deine Umgebung zu erkunden. Nimm die Farben, die Geräusche, die Gerüche und die Beschaffenheit um dich herum wahr. Wenn du bereit bist, gehe im Geist ein paar Schritte nach vorn und nimm wahr, was vor dir liegt. Gibt es irgendwelche Türen oder Treppen? Gehe durch die Türen hindurch und betrete auch die Treppen.

Während du diesen Prozess durchläufst, wirst du vielleicht feststellen, dass bestimmte Erinnerungen an die Oberfläche kommen. Erlaube dir, diese Erinnerungen zu erforschen, und nimm wahr, wie du dich dabei fühlst. Wenn du soweit bist, atme tief und schreibe auf, woran du dich erinnerst, oder sprich es laut aus. Dann begib dich wieder in deine Erinnerungen und gehe, wenn du erneut an eine Treppe kommst, sie hinunter oder hinauf. Meist führen die Treppen, die du hinuntergehst, in vergangene Leben, und die Treppen, die hinaufführen, bringen dich in den Kosmos zu deinen Sternengefährten.

Rufe deine Sternenfamilie herbei und bitte sie um Schutz, während du in deine Sternenvergangenheit eintauchst. Setze deinen Fokus darauf, zu deinem Ursprung zu kommen, und lasse dir dabei reichlich Zeit. Die Informationen werden sich als Bilder zeigen, so wie es für dein allerhöchstes Wohl am besten ist. Vielleicht erinnerst du dich nicht an alles, aber vertraue darauf, dass das, was du erhältst, zu deinem Wohl ist.

Jetzt, wo du weißt, wie du dich mit deiner kosmischen Abstammungslinie verbinden kannst, ist es an der Zeit, diese Abstammungslinie weiter zu erforschen. Es gibt viele Ressourcen, die dir auf deiner Reise helfen können. Du kannst Bücher lesen, Podcasts anhören und sogar Kurse besuchen. Das Wichtigste ist, dass du offen bleibst und dir erlaubst, zu lernen. Immer gilt: Wenn du neugierig auf deine kosmische Abstammung bist, zögere nicht, sie zu erforschen. Sie könnte der Schlüssel zur Entfaltung deines wahren Potenzials sein. Das Erkunden deiner Ahnenreihe wird dir sicher viel Frede bereiten.

Als zweiten Schritt solltest du, wenn du deine Ahnenreihe kennst oder ein ungefähres Bild von ihr hast, eine tiefgehende Heilung und/oder Versöhnung mit deiner kosmischen Ahnenreihe anstreben. Dabei ist es nicht erforderlich, dass du all deine Sternen-Vorfahren kennst, denn das ist schlicht unmöglich. Diese Art der Heilung funktioniert auch, wenn du deine kosmische Ahnenreihe noch nicht kennst.

Aquajanaa wird dich wieder durch die Sitzung führen. Es ist wichtig, dass du dich wohl und sicher fühlst. Atme ein paar Mal tief durch, bis du dich entspannt fühlst, und erlaube dir, erneut in die Welt deiner kosmischen Ahnen abzutauchen.

Deine Führer und Ahnen sind bei dir, sie werden dich nie verlassen. Du bist jetzt in der Lage, alle Aspekte deiner Abstammung zu erforschen. Du brauchst keine Angst zu haben, denn du bist von Liebe umgeben. Nimm dir Zeit, es gibt keinen Grund zur Eile. Wenn du bereit bist, beginne damit, deine Abstammung zu erforschen. Wer sind deine Vorfahren? Wie sah ihr Leben aus? Welche Gaben haben sie jetzt für dich?

Wenn du deinen Stammbaum erforschst, wirst du feststellen, dass bestimmte Erinnerungen an die Oberfläche kommen. Erlaube dir, diese Erinnerungen eingehend zu betrachten, und nimm wahr, wie du dich dabei fühlst. Wenn du bereit bist, bitte deine kosmischen Ahnen um Vergebung und Heilung. Das ist ein sehr wichtiger Schritt, denn er hilft dir, alle negativen Energien loszulassen, die dich vielleicht zurückhalten. Danach wirst du dich leichter und mehr mit deinem wahren Selbst verbunden fühlen. Du wirst spüren, wie die Energie fließt und vieles gelöst werden kann.

Sprich diesen Satz: »Ich bitte um Vergebung und Heilung für mich selbst und für alle meine kosmischen Vorfahren. Ich lasse alle negativen Energien los, die mich zurückhalten. Ich bin jetzt frei, mein wahres Selbst zu leben. Ich bin jetzt mit der Energie der Liebe verbunden.«

Atme ein paar Mal tief durch und fühle die große Erleichterung. Fühle auch, wie diese Erleichterung deine kosmische Ahnenreihe erreicht und eine Welle der Liebe dich einhüllt. Heilung ist geschehen, und alles Negative, was zwischen dir und deiner kosmischen Ahnenreihe stand, wurde aufgelöst. Du bist nun in der Lage, dich mit deiner Abstammung auf eine sehr positive und liebevolle Weise zu verbinden.

Erlaube dir, die Liebe zu spüren, die jetzt durch dich fließt. Das ist die Energie deines kosmischen Stammbaums, und sie wird dir immer zur Verfügung stehen. Wann immer du sie brauchst, erlaube dir einfach, dich mit ihr zu verbinden und ihre Gegenwart zu spüren. Sie wird dich auf deiner Reise durch das Leben leiten und unterstützen. Danke deinen kosmischen Vorfahren für ihre Gaben und ihre Führung.

Du bist jetzt bereit, dein Leben in vollen Zügen zu leben!

Nun, da du dich mit deinen kosmischen Ahnen versöhnt hast, ist es wichtig, dieses Vertrauen unter euch zu unterstützen und zu bewahren. Du wirst feststellen, dass in den Momenten, in denen du ein wenig Führung, Unterstützung und Weisheit gebrauchen könntest, deine kosmischen Vorfahren stets zur Verfügung stehen. Aus diesem Grund habe ich einige Worte der Weisheit und Liebe von den Plejaden gesammelt – von den lichtvollen Wesen, die ihr Leben der Hilfe anderer gewidmet haben. Diese lichtvollen Wesen haben viel gesehen und erlebt, und sie sind hier, um ihr Wissen mit dir zu teilen. Sie haben all das, was du gerade in der Zeit des Wandels durchmachst, selbst erlebt.

Worte der tiefen Liebe und Hingabe

Wenn du gleich die folgenden Worte und Sätze liest, wirst du die tiefe Liebe und Hingabe spüren, die dir die Plejader entgegenbringen.

Lehne dich also zurück, entspanne dich und lasse ihre weisen Worte auf dich wirken wie eine warme Umarmung an einem kalten Tag …

- »Du bist nie allein. Wir sind immer bei dir, auch wenn du uns nicht sehen kannst.«
- »Es gibt nichts zu befürchten. Alles geschieht zu deinem höchsten Wohl.«

- »Du wirst geliebt. Du bist wertvoll. Du bist wichtig.«
- »Deine Seele ist perfekt und deine Reise ist einzigartig.«
- »Man ist nie zu alt, um zu lernen, und man ist nie zu jung, um zu lehren.«
- »So etwas wie Glück gibt es nicht. Es gibt nur Synchronizität.«
- »Du hast alle Kraft, die du brauchst, in dir selbst.«
- »Deine Gedanken erschaffen deine Realität.«
- »Du bist genau da, wo du sein sollst.«
- »Alles ist miteinander verbunden.«
- »So etwas wie den Tod gibt es nicht. Es gibt nur Verwandlung.«
- »Du bist unendlich mächtig und zu allem fähig.«
- »Glaube an dich selbst und deine Träume werden wahr.«
- »Du bist der Liebe, des Glücks und der Fülle würdig.«
- »Deine Erfahrungen sind perfekt für das Wachstum deiner Seele.«

Dies sind nur ein paar Beispiele für die tiefe Weisheit und große Liebe, welche die Plejader für dich bereithalten. Ich hoffe, dass sie dir etwas Trost, Klarheit oder Inspiration gebracht haben. Ergänze die Liste nun um deine eigenen Worte der Weisheit.

Denke daran, dass du auf dieser Reise, in deinem aktuellen Leben auf der Erde, nie allein bist – wir sind alle miteinander verbunden.

Und du hast die Macht, deine Realität zu erschaffen. Glaube also immer an dich. Du bist der Liebe, des Glücks und des Reichtums würdig. Vertraue auf deine Erfahrungen, sie sind perfekt für das Wachstum deiner Seele.

Aquajanaa nickt dir zu und lächelt, denn sie fühlt dein Licht und weiß, dass du den richtigen Weg gehen wirst.

11

Persönliches und planetares Wachstum

An dieser Stelle möchte ich, Monika, mich direkt an euch wenden, um kurz zu erläutern, wie wir mit den Plejadern zusammenarbeiten können. So können wir unser eigenes Wachstum und das unseres Planeten fördern. Die Zusammenarbeit mit den Plejadern trägt auch dazu bei, unsere Intuition zu stärken, und hilft uns, unsere Seelenaufgabe zu finden.

Wie ihr wisst, sind die Plejader die am höchsten entwickelten Wesen im Universum. Sie sind hier, um uns bei unserem persönlichen und planetaren Wachstum zu helfen, und durch ein gemeinsames Wirken können sie uns in vielerlei Hinsicht unterstützen. Der beste Weg, das zu tun, besteht darin, sich täglich mit ihnen zu verbinden. Das kannst du durch Meditation tun oder indem du sie einfach um Führung und Hilfe bittest. Sie sind immer bereit zu helfen und geben dir oft Zeichen und Signale, die dich wissen lassen, dass sie da sind. Je mehr du dich mit ihnen verbindest, desto stärker wird eure Beziehung werden. Dabei ist die Stärkung der Intuition eines der wichtigsten Dinge, bei denen die Plejader uns helfen können. Intuition, unser inneres Wissen, ist eines der mächtigsten Werkzeuge, die wir haben, um Entscheidungen in unserem Leben zu treffen. Die Plejader können uns dabei helfen, unserer Intuition mehr zu vertrauen und sie in unserem Leben effektiver einzusetzen.

Hier ein Beispiel, wie du mit den Plejadern arbeiten kannst, um deine Intuition zu stärken …

Nimm dir jeden Tag ein paar Minuten Zeit, um in Ruhe zu sitzen und dich mit den Plejadern zu verbinden. Bitte sie darum, dir zu helfen, deiner Intuition mehr zu vertrauen. Während du dich darauf konzentrierst, wende dich an Aquajanaa und bitte sie, das weiße Licht der Plejaden zu rufen.

Fühle, wie es von oben herabkommt und in dein Kronenchakra eindringt. Spüre, wie dieses weiße Licht deinen ganzen Körper erfüllt und sich in deiner Aura ausbreitet. Dann lass einfach los und vertraue darauf, dass die Führung, die du erhältst, zu deinem höchsten Wohl ist. Je öfter du diese Übung machst, desto stärker wird deine Verbindung zu den Plejadern und desto leichter wirst du in der Lage sein, deiner Intuition in allen Bereichen deines Lebens zu vertrauen.

Die Plejader stehen zur Verfügung, um uns in jeder erdenklichen Hinsicht zu helfen, aber es ist unsere eigene Entscheidung, mit ihnen zu arbeiten. Wenn wir das tun, können wir ein enormes persönliches und planetarisches Wachstum erleben. Zögere also nicht, sie um Hilfe zu bitten! Sie sind immer bereit und begierig, uns zu helfen.

Wenn sie helfen können, tun sie dies mit großer Freude und in großer Achtsamkeit für uns Menschen. Sie werden uns niemals ihren Willen aufzwingen oder versuchen, uns in irgendeiner Weise zu kontrollieren. Sie sind hier, um uns dabei zu helfen, als Individuen und als Planet zu wachsen und zu expandieren. Nimm dir also jeden Tag etwas Zeit, um dich mit den Plejadern zu verbinden und herauszufinden, welche Ratschläge sie für dich haben. Du wirst überrascht sein, wie sehr sie dir helfen können, in allen Bereichen deines Lebens zu wachsen und dich zu erweitern.

Die Aufgabe der Menschheitsfamilie

Die meisten von uns sind auf die Erde gekommen, um die neue Erde zu kreieren und den großen Wandel tatkräftig zu unterstützen. Wir alle möchten zum spirituellen Wachstum unseres Planeten, der Erde, beitragen. Oft erscheint uns dies fast unmöglich und sehr schwer. Die Plejader sagen, dass es einfacher ist, als wir denken! So werde ich jetzt einige einfache Möglichkeiten erörtern, wie wir alle etwas Gutes in der Welt bewirken können. Wir werden auch die Bedeutung des planetaren Wachstums kennenlernen und wie jeder von uns auf der Erde dazu beitragen und davon profitieren kann.

Die Plejader sagen, man sollte sich als Erstes die Erde als ein lebendiges Wesen vorstellen. Sie ist nicht nur ein Ort, an dem wir leben, sondern ein lebendiges, atmendes Geschöpf, mit dem wir verbunden sind. Wir sollten sie mit Liebe und Respekt behandeln und unser Bestes tun, um für sie zu sorgen. Als Nächstes, sagen sie, sollten wir uns auf unser eigenes persönliches Wachstum konzentrieren. Das bedeutet nicht, dass wir die Erde ausbeuten sollen, sondern es bedeutet, dass, wenn wir spirituell wachsen, auch die Erde davon profitieren und spirituell wachsen wird. Unser individuelles Wachstum wird zum Wachstum des Planeten beitragen. Schließlich, sagen die Plejader, sollten wir uns auf unsere Beziehungen zu anderen konzentrieren. Indem wir an uns selbst und an unserer Beziehung zur Erde arbeiten, können wir positive Veränderungen in der Welt und auch direkt um uns herum bewirken. Wenn wir freundlich und liebevoll zu unseren Mitmenschen sind, erzeugt das einen Welleneffekt von Liebe und Freundlichkeit, der sich nach außen ausbreitet. So können wir das Wachstum des Planeten in unserem täglichen Leben fördern. Jeder Mensch kann dadurch auf einfache Weise etwas Gutes für den Planeten tun.

Wenn wir alle auf der Erde dies tun würden, stell dir vor, wie viel schöner und friedlicher unser Planet dann wäre. Wir würden alle in Harmonie miteinander und mit den anderen leben. Es gäbe keinen Neid und keinerlei Missgunst, sondern Harmonie und Akzeptanz. Wir würden alle für das Gemeinwohl des Planeten zusammenarbeiten. In Liebe! Es ist an der Zeit, dass wir aufwachen und erkennen, dass wir alle miteinander verbunden sind. Wir sind alle eins! Wenn wir zusammenarbeiten, können wir alles erreichen!

Fangen wir also heute an, das Wachstum des Planeten durch unser Handeln im Alltag zu fördern. Lasst uns die Erde mit Liebe und Respekt behandeln. Konzentrieren wir uns auf unser eigenes persönliches Wachstum und auf den Aufbau positiver Beziehungen zu anderen. Indem wir diese Dinge tun, können wir sehr viel in der Welt bewirken. Wir können einen liebevolleren und friedlicheren Planeten für alle schaffen.

Erinnern wir uns an die Aussage der Plejader! Sie sagen, das Wachstum unseres Planeten zu fördern, ist einfacher, als wir denken. Es gilt, die Erde als Lebewesen zu betrachten, uns auf unser persönliches Wachstum zu konzentrieren und auf unsere Beziehungen zu anderen. Indem wir diese drei Dinge beachten und tun, können wir etwas in der Welt bewirken und einen liebevolleren und friedlicheren Planeten für alle schaffen!

Die Plejader wissen, dass auf der Erde ein verdeckter Kampf zwischen Licht und Dunkelheit wütet, der viele Menschen in Angst und Schrecken versetzt. Sie wissen auch, dass die Menschen, die in der Angst gefangen sind, sehr leicht zu beeinflussen sind. Durch Wut, Hass und Gier ernährt sich die Dunkelheit. Die Plejader bitten dich, zu erkennen, dass diese negativen Gefühle dem persönlichen und planetaren Wachstum schaden, deinem Wachstum und dem der Welt. Sie sagen, dass jeder Mensch immer, jeden Moment, die Wahl hat, sich für das Positive oder das Negative zu entscheiden. Und das ist die gute Nachricht: Jeder Einzelne von uns hat die Macht, all das zu ändern – auch du!

Indem du in deinem Alltag das Wachstum des Planeten förderst, trägst du dazu bei, die Waage zugunsten des Lichts zu kippen. Jedes Mal, wenn du dich auf dein eigenes persönliches Wachstum konzentrierst oder positive Beziehungen zu anderen aufbaust, machst du einen Unterschied. Je mehr Menschen das tun, desto größer wird die Wirkung sein. Verpflichten wir uns also, das planetare Wachstum in unserem täglichen Leben zu fördern und eine liebevollere und friedlichere Welt für alle zu erschaffen.

So können wir das Wachstum des Planeten fördern …

- Die Erde als ein lebendiges Wesen behandeln.
- Wir konzentrieren uns auf unser eigenes persönliches Wachstum.
- Unsere Beziehungen mit anderen in den Mittelpunkt stellen.
- Informiere dich und andere über Umweltthemen und Nachhaltigkeit.
- Unterstütze Unternehmen und Organisationen, die umweltfreundlich sind.

- Setze dich für positive Veränderungen ein, indem du selbst aktiv wirst.

Wie können wir Frieden bewirken und Kriege vermeiden?

Kriege sind verheerend. Sie zerstören Häuser, Unternehmen und Leben. Sie können auch Auswirkungen haben, die über Generationen hinweg andauern. Wie können wir sie also vermeiden? Es mag wie eine unmögliche Aufgabe erscheinen, aber es gibt Dinge, die wir tun können, um den Frieden in der Welt zu fördern. Die Plejader zeigen uns einige Möglichkeiten, um den Frieden zu erhalten! Sie selbst haben ähnliche Situation, die wir gerade in der Zeit des Wandels durchmachen, schon erlebt und bereits hinter sich gebracht und bringen uns jetzt ihre große Erfahrung und Weisheit.

Die Plejader sagen, der erste Weg, um Kriege zu vermeiden, ist, miteinander zu kommunizieren.

Wir sollten in der Lage sein, über unsere Unterschiede zu sprechen und eine gemeinsame Basis zu finden. Wenn wir die Menschlichkeit im anderen sehen können, fällt es uns leichter, uns in ihn einzufühlen und ihn zu verstehen.

Wir sollten auch die Kulturen und Traditionen der anderen respektieren. Wir sollten sie kennenlernen und feiern, statt sie als etwas Fremdes oder Bedrohliches zu betrachten.

Ein weiterer, wichtiger Weg, den Frieden zu fördern, ist die Bildung. Wenn wir die Menschen über die Ursachen von Konflikten aufklären und ihnen zeigen können, wie man sie friedlich lösen kann, können wir in der Welt viel bewirken.

Wir sollten auch versuchen, Konflikte zu lösen, bevor sie sich zu ausgewachsenen Kriegen entwickeln. Das bedeutet, dass wir uns um Dinge wie wirtschaftliche Ungleichheit, Armut und Diskriminierung kümmern. Wenn wir diese Probleme angehen, können wir die Wahrscheinlichkeit eines Krieges verringern.

Schließlich sollten wir uns stets vor Augen halten, dass Frieden möglich ist. Es mag wie ein Wunschtraum erscheinen, aber wir alle können darauf hinarbeiten. Lasst uns eine Welt aufbauen, in der Kriege der Vergangenheit angehören! Das sind wir uns selbst und den zukünftigen Generationen schuldig.

Wenn wir etwas verändern wollen, ist der nächste Schritt das Erreichen dieser Ziele. Wir können dies tun, indem wir meditieren und Liebe und Licht in die Welt senden. Wir können auch Organisationen unterstützen, die den Frieden fördern. Und wir können Politikerinnen und Politiker wählen, die den Frieden als oberste Priorität betrachten. Mit diesen Schritten können wir eine friedlichere Welt aufbauen. Lasst uns unbedingt damit anfangen! Denn dies ist der Weg zu einer neuen Erde.

Manchmal ist es so, dass das Alte erst gehen muss, bevor das Neue kommen kann. Dies ist eine dieser Zeiten. Wir müssen die alten Wege von Krieg und Zerstörung loslassen, wenn wir eine neue Welt des Friedens und der Harmonie erschaffen wollen. Es liegt an jedem Einzelnen von uns, diese Wahl zu treffen. Wählst du die Liebe oder wählst du die Angst?

Die Wahl liegt bei dir. Wähle weise!

Die Plejader sind außerirdische Wesen, von denen wir wissen, dass sie uns den Weg in eine bessere Zukunft weisen können. Sie sagen, wenn wir ihre Ratschläge befolgen, können wir Kriege vermeiden und stattdessen Frieden schaffen. Also lasst uns ihren Rat befolgen und noch heute mit dem Aufbau einer friedlicheren Welt beginnen! Sie sagen, dass jeder Einzelne von uns wichtig ist, denn alle Energien zusammen bilden das große Kollektiv. Sie sagen auch, dass jeder Einzelne von uns prüfen sollte, wo er noch negative Energien in sich trägt. Je reiner und liebevoller unsere Gedanken sind, desto lichtvoller wird das Kollektiv sein, und negative Energien haben keine Chance sich auszudehnen. Also lasst uns zuerst in uns selbst aufräumen, um zu einer friedlicheren Welt beizutragen!

Der erste Schritt ist *immer* die Kommunikation und die Achtsamkeit. Wenn wir achtsam über unsere Differenzen sprechen und eine gemeinsame Basis finden können, wird es viel einfacher sein, Kriege zu vermeiden. Lasst uns damit beginnen! Kommunizieren wir miteinander und respektieren wir uns gegenseitig! So werden wir stets die Menschlichkeit im anderen sehen und einander leichter verstehen. Das ist der wichtigste Schritt, um eine friedlichere Welt zu erschaffen. Wenn wir diesen großen Schritt gemacht haben, ist bereits viel erreicht. Dann können wir mit anderen, kleineren Schritten beginnen, um Frieden herbeizuführen. Aber vergiss nie, dass Kommunikation und Achtsamkeit das Wichtigste sind! Lasst uns das gemeinsam tun und eine friedlichere Welt aufbauen!

Elf Möglichkeiten zur Vermeidung von Kriegen

Wir alle wissen, dass Kriege niemals die Lösung sind. Sie führen nur zu mehr Hass, Zerstörung und Tod. Wie können wir sie also vermeiden?

Hier sind elf Möglichkeiten:

Erstens sollten wir versuchen, die Menschen, mit denen wir nicht einverstanden sind, zu verstehen. Wir sollten uns in ihre Lage versetzen und versuchen, die Dinge aus ihrer Perspektive zu sehen. Nur so können wir eine gemeinsame Basis finden und unsere Differenzen friedlich lösen.

Zweitens sollten wir die Kulturen und Traditionen der anderen respektieren. Wir sollten etwas über sie lernen und sie akzeptieren, denn auch sie sind Wesen aus Gottes Schöpfung. Respekt und Akzeptanz sind die Schlüssel zum Frieden.

Drittens: Wir sollten immer miteinander kommunizieren. Wann immer es eine Meinungsverschiedenheit gibt, sollten wir miteinander reden und versuchen, eine Lösung zu finden, die für beide Seiten akzeptabel ist. Kommunikation ist der einzige Weg, um Missverständnisse zu vermeiden, die zu Krieg führen können.

Viertens: Wir sollten niemals Zwang oder Gewalt anwenden, um unsere Differenzen beizulegen. Wir sollten immer nach friedlichen Lösungen suchen. Zwang und Gewalt bringt nur Hass und Zerstörung. Das sind starke negative Energien, die uns sehr belasten und schwächen und niemals zum Frieden, sondern in das Chaos führen.

Fünftens: Wir sollten nie unsere gemeinsame Menschlichkeit aus den Augen verlieren. Wir sind alle Brüder und Schwestern, Kinder desselben Gottes. Wir sollten einander immer mit Liebe und Respekt behandeln. Dies beginnt damit, dass wir aufhören einander zu bewerten, denn wenn wir andere verurteilen, schaffen wir nur Spaltung und Hass. Jeder Mensch befindet sich auf einer anderen Entwicklungsstufe seines Lebenswegs und muss die Situationen durchleben, die für ihn wichtig sind. Es reicht aus, wenn wir es akzeptieren.

Sechstens: Wir sollten die Hoffnung auf Frieden nie aufgeben. Egal wie schwierig die Situation auch erscheinen mag, wir sollten immer daran glauben, dass es möglich ist, eine friedliche Lösung zu finden. Auch sollten wir nie den Glauben an unsere Fähigkeit verlieren, unsere Differenzen friedlich zu lösen. Es gibt immer einen Weg für eine friedliche Lösung, auch wenn dies im ersten Moment unmöglich erscheint.

Siebtens: Wir sollten bereit sein, für den Frieden Opfer zu bringen. Wir sollten bereit sein, etwas von uns selbst aufzugeben, um des Friedens willen. Das kann bedeuten, dass wir unseren Stolz oder unser Bedürfnis, recht zu haben, aufgeben müssten. Es kann bedeuten, einige Zugeständnisse oder Kompromisse zu machen. Aber wenn wir uns wirklich für den Frieden einsetzen, werden wir bereit sein, diese Opfer zu bringen.

Achtens: Wir sollten niemals Gewalt anwenden, um unsere Probleme zu lösen. Gewalt erzeugt immer noch mehr Gewalt. Es ist ein nie endender Kreislauf, der nur von denen durchbrochen werden kann, die bereit sind, ihm ein Ende zu setzen. Wir sollten immer nach friedlichen Lösungen für unsere Probleme suchen und uns bewusst sein, dass es für jedes Problem eine friedliche Lösung gibt.

Neuntens: Wir sollten niemals vergessen, dass wir alle Geschöpfe der Liebe sind und dass wir alle miteinander und mit dem All-Einen verbunden sind. Wir sollten uns immer daran erinnern, dass die Liebe die stärkste Kraft im Universum ist. Liebe kann Hass, Gewalt und Krieg überwinden.

Zehntens: Wir sollten immer für den Frieden beten. Das Gebet ist ein sehr mächtiges Werkzeug, das wir nutzen können, um Frieden in der Welt zu erschaffen. Wenn wir alle für den Frieden beten, werden wir eine mächtige Kraft der Liebe und des Lichts sein, die alles überwinden kann. Lasst uns also jeden Tag für den Frieden beten und meditieren. Es reichen nur einige Minuten, denn wenn es jeder Mensch tut, entwickelt sich daraus eine sehr starke Energie, die Wunder bewirken wird.

Elftens: Wir sollten immer versuchen, zu vergeben. Vergebung ist eine der stärksten Waffen gegen Negativität. Sie zerbricht die Ketten des Grolls und befreit uns von der Vergangenheit. Wenn wir lernen zu vergeben, wird es immer Hoffnung geben. Hoffnung ist das, was uns aufrechterhält, wenn alles sinnlos erscheint. Hoffnung lässt uns von einer besseren Welt träumen, in der es Frieden, Gerechtigkeit, Fülle auf allen Ebenen und Gesundheit für alle Wesen gibt. Mit Hoffnung und Vertrauen erschaffen wir die Neue Erde. Dies ist unsere Aufgabe.

Die Plejader sagen: »Die Zeit des Friedens wird kommen. Sie ist nicht weit weg. Sie ist in dir.« Sie sagen, dies sind nur einige der Dinge, die wir tun können, um Kriege zu vermeiden und Frieden zu schaffen. Wir sollten uns immer vor Augen halten, dass wir alle eins sind und dass wir alle miteinander verbunden sind.

Aquajanaa hat eine Friedensbotschaft für uns. Sie enthält auch eine Meditation. Lies diese Botschaft und unterstütze dadurch den Frieden auf der Erde.
Mit jedem Wort von Aquajanaa wird deine Energie zunehmen und dein Licht breitet sich weiter aus.

Eine Friedensbotschaft von Aquajanaa

Geliebte Menschheitsfamilie, fühle dich vom Segen des Lichts umgeben, wenn ich, Aquajanaa, jetzt zu dir spreche. Ich bin eine der Sieben Kosmischen Schwestern des Lichts und wende mich mit einer Friedensbotschaft an dich.

Die Zeit ist gekommen, in der die Menschheit die Liebe über die Angst stellen sollte. Die Zeit ist gekommen, in der ihr Kriegen und Zerstörung ein Ende setzen könnt, indem ihr euch aktiv auf das Licht konzentriert und alles Negative und Hindernde transformiert.

Jeder Mensch kann dazu beitragen. Auch du kannst dazu beitragen, indem du zusammen mit anderen meditierst und Liebe und Licht in die Welt hinausschickst.

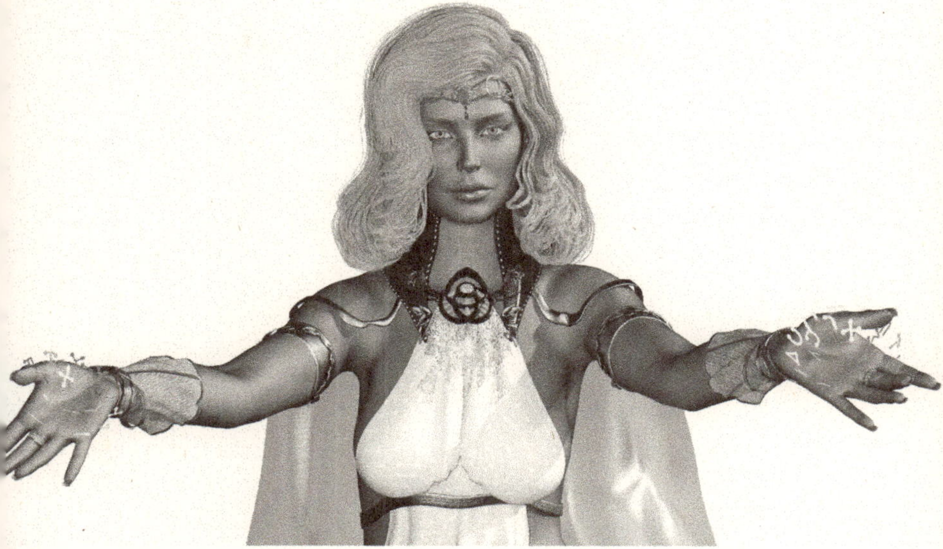

Wir, die Sieben Kosmischen Schwestern, sind bereit, jedem Einzenen von euch dabei zu helfen. Wir sind immer bei euch und werden euch nie allein lassen.

Du bist nicht allein, geliebter Mensch, denn die Liebe des Schöpfers ist in dir. Es ist diese Liebe, die jetzt durch dich zu allen Menschen auf der Erde fließen will, damit eine neue Ära des Friedens beginnen kann.

Zunächst ist es jedoch wichtig, dass der innere Frieden in jedem Einzelnen aufsteigt, auch in dir. Lass also deine Ängste los und öffne dich für das Licht in dir. Dann spüre, wie sich dieses Licht in dir ausbreitet und alle Menschen auf der Erde mit seinen Strahlen der Hoffnung berührt.

Sende einen Strahl der Liebe und des Lichts zu den Politikern und Menschen, deren Aufgabe darin besteht, den Frieden zu verbreiten. Hilf ihnen auf diese Weise, unreine negative Gefühle und Gedanken in Licht zu transformieren.

Lasse dir gerne ein wenig Zeit dabei und gib deiner Liebe und deinem Licht genügend Raum. Deine kraftvollen Energien werden sich ihren Weg bahnen und genau an die Orte gelangen, wo sie Großes ausrichten können.

Vielleicht kannst du um dich herum weitere Lichtarbeiter wahrnehmen und fühlen, dass du bei deiner Aufgabe nicht allein bist. Sie verleihen dir zusätzliche Kraft.

Ihr seid alle durch das Licht miteinander verbunden und könnt euch auf diese Weise gegenseitig unterstützen.

Ihr solltet die Hoffnung auf Frieden nie aufgeben und immer versuchen, eine gemeinsame Basis und Verständnis zu finden, auch mit denen, mit denen ihr nicht übereinstimmt. Ihr solltet auch die Kulturen und Traditionen der anderen respektieren, denn sie sind genauso gültig wie eure eigenen. Spüre nun, wie das Licht des Friedens sich auf der Erde ausbreitet und dorthin fließt, wo es gebraucht wird.

Wir, die Sieben Kosmischen Schwestern, halten die Energien und danken dir, dass du geholfen hast, Gutes zu bewirken.

Aquajanaa verabschiedet sich jetzt wieder von dir, fühle den Segen des Lichts, den wir schützend um dich gelegt haben.

Kurz darauf empfing ich eine weitere Botschaft von Aquajanaa, in der sie uns mitteilt, dass die Sieben Kosmischen Schwestern dich unterstützen. Sie wurden lange Zeit geschult, um den Menschen in dieser schwierigen Zeit beizustehen.

Wie die Sieben Kosmischen Schwestern dich unterstützen

Wir sind da, um euch zu helfen, eure Ziele zu erreichen. Jede Schwester bringt ihre eigenen einzigartigen Gaben und Talente mit, und wenn ihr gewillt seid, mit uns zusammenzuarbeiten, können wir Erstaunliches in die Welt tragen.

Wir freuen uns darauf, dich kennenzulernen und dich auf deinem Weg des Aufstiegs zu unterstützen. Genau wie du sind wir Wesen, durch die Liebe des Schöpfers erschaffen, die dem großen Ziel der göttlichen Ordnung dienen dürfen. Und die großen Herausforderungen, durch die du gerade gehst, gehören zu dem umfassenden Aufstiegsprozess dazu.

Wir, die Sieben Kosmischen Schwestern, sind hier, um dir durch diese Zeit zu helfen!

Das, was gerade auf der Erde geschieht, hat den Sinn, die wahre Natur des Menschen aufzuzeigen, eine positive und liebevolle Natur, denn die großen Herausforderungen führen dazu, dass die Masken immer mehr fallen und die Wahrheit immer mehr ans Licht kommt.

Wir, die Sieben Kosmischen Schwestern, wurden auserwählt, den Kontakt zu euch herzustellen und euch zu helfen, denn die Kommunikation zwischen den hilfreichen Kräften der Plejaden sowie der Sternenfamilie und den Menschen muss gestärkt werden, damit sie euch besser unterstützen können.

Wenn jemand etwas zu dir sagt, ist es sehr wichtig, dass du auf dein Herz vertraust und mit deinem Herzen verstehst, ob das Gesagte rein ist. Du kannst es in deinem Herzen spüren. Wenn du es spürst, weißt du, dass es die Wahrheit ist.

Es gibt so vieles, was im Augenblick auf der Erde nicht wahr sind, und wir, die Sieben Kosmischen Schwestern, wollen dir helfen, die Wahrheit und den richtigen Weg für dich und euch alle zu finden. Wir lehren dich, mit uns zu sprechen.

Das liegt uns sehr am Herzen und ist die Basis für alles, was noch geschehen wird.

Ich darf dir sagen, wir lieben euch alle sehr!

Das größte Problem für euch Menschen sind eure Gefühle und wie ihr sie bewertet. Eure Emotionen sind sehr stark ausgebildet im Vergleich zu anderen Wesen im Kosmos. Gefühle sind eine Stärke, aber sie können euch auch sehr verwundbar oder schwach machen.

Wir, die Sieben Kosmischen Schwestern, sind hier, um euch beizubringen, eure Emotionen auf konstruktive Weise zu nutzen, damit sie euch nicht überwältigen und zerstören. Wir wollen euch helfen, ungeachtet eurer Emotionen ein Gleichgewicht in eurem Leben zu finden.

Vertraut auf euer Herz und sprecht mit uns, damit wir euch auf eurem Weg helfen können!

Achtet darauf, dass eure Gefühle nicht die Oberhand gewinnen und ihr in große Angst verfallt. Das ist im Augenblick die größte Gefahr auf der Erde.

Wisset, dass ihr mit eurer Angst der Gegenseite Kraft gebt.

Versucht, die Ereignisse um euch herum neutral zu betrachten, dann bleibt ihr in eurer Mitte.

Egal, wieviel Schlimmes geschieht, ihr solltet euch nicht in Angst und Schrecken versetzen lassen. Dadurch werdet ihr schwach und steuerbar. Die Gegenseite möchte euren Geist komplett steuern und lenken. Sie möchte, dass ihr euren freien Willen aufgebt und alles macht, was euch gesagt wird.

Lasst es nicht soweit kommen und wisset, dass wir euch liebend gerne unterstützen.

All dies, was gerade geschieht, dient dem höheren Ziel, die neue Erde entstehen zu lassen.

Ihr seid in diese Zeit inkarniert, um dabei zu sein. Ihr habt euch verpflichtet, dabei mitzuhelfen, dass das Licht siegt. Also versucht in eurer Mitte zu bleiben und das Licht zu stärken, indem ihr die Geschehnisse nicht bewertet, unabhängig davon, was geschieht.

Ich, Aquajanaa, eine der Sieben Kosmischen Schwestern, sage dir, dass wir Sieben Kosmischen Schwestern, während wir unserer Schwester Nirijanaa diese Botschaften übermitteln, die letzten

Vorbereitungen treffen, um zu euch auf die Erde zu kommen. Wir wurden von der göttlichen Ordnung zu euch bestellt, um die Menschheit – jeden Einzelnen von euch – in dieser Zeit der großen Herausforderungen zu unterstützen.

Eine unserer Gaben ist, dass wir die Geschehnisse auf der Erde aus einer anderen Perspektive sehen können als ihr. Wir sind nicht emotional beteiligt und können euch daher einen sehr objektiven Rat geben – euch allen, jedem Einzelnen von euch. Du kannst jederzeit mit uns Sieben Kosmischen Schwestern über alles reden, was dich beschäftigt.

Wir werden dir von ganzem Herzen zuhören und versuchen, dir zu helfen, so gut wir können!

Du bist nie allein!

Wann immer du dich verloren fühlst oder denkst, dass es keinen Ausweg mehr gibt, wende dich einfach an uns, die Sieben Kosmischen Schwestern.

Wir sind für dich da! Vertraue und glaube an dich selbst und gehe den Weg des Herzens.

Wir befinden uns in einer sehr wichtigen Energiespirale, die bald ihren Höhepunkt erreicht.

Wir nutzen den Höhepunkt der großen Energiewelle, um auf die Erde zu kommen und dich zu unterrichten.

Wie bereits erwähnt, wurden wir dafür eigens geschult. Ich, Aquajanaa, habe bereits mit der ersten Schulung, der Plejaden-Schulung, begonnen.

Ich darf dich zu deinen kosmischen Ahnen und deiner kosmischen Familie führen. Große Heilung wird bei dir geschehen. Viele Dinge werden dir offenbart werden, und du wirst wichtige Botschaften für dein Leben erhalten.

Ich freue mich schon sehr darauf!

Dies alles dient dem Frieden auf der neuen Erde, die euch erwartet, und der Unterstützung des Lichts.

Wir lieben euch alle sehr! Wir alle freuen uns sehr darauf, unsere Liebe mit der ganzen Welt zu teilen und den Menschen zu helfen, wo wir nur können.

Wir überbringen dir unsere Erfahrung, denn auch wir haben ähnliche Situationen in einer Zeit weit vor deiner erlebt. Wir möchten mit dir zusammen das kosmische Gleichgewicht wiederherstellen. Wenn wir alle dazu beitragen und daran mithelfen, wird alles gut werden.

Alles kann geheilt werden. Du bist nicht allein!

Vergiss das niemals!

Die Sieben Kosmischen Schwestern werden immer für dich da sein! Egal, was geschieht, wir werden dich nie allein lassen!

Wir lieben euch alle sehr!

Wir danken euch für euer Vertrauen und euren Glauben an uns. Wir schicken euch den Segen des Lichts und verabschieden uns einstweilen voll tiefer Achtsamkeit von euch mit dem goldenen Sternenstaub der Plejaden.

12

Deine kosmischen Fähigkeiten

Hast du manchmal das Gefühl, dass du über eine besondere Macht verfügst oder etwas ganz Besonderes tief in deinem Inneren verborgen liegt, dass erheblich mehr in dir steckt, als es den Anschein hat? Nach der alten Astrologie liegt das daran, dass du kosmische Fähigkeiten hast. Das sind die Fähigkeiten, mit denen du geboren wurdest – sie sind einzigartig, und niemand sonst auf der Welt hat sie.

Heute werden wir besprechen, welches deine wichtigsten kosmischen Fähigkeiten sind und wie du sie nutzen kannst, um dein Leben zum Besseren zu verändern!

Es gibt zwölf kosmische Fähigkeiten, die in jedem von uns angelegt sind. Allerdings sind wir in jedem Bereich unterschiedlich gut. Einige von uns sind zum Beispiel sehr gut darin, mit anderen zu kommunizieren, während andere besser im Lösen von Problemen oder im kreativen Denken sind.

Bei manchen Menschen sind die kosmischen Fähigkeiten auch weiter entwickelt als bei anderen. Das liegt daran, dass sie in früheren Leben an der Entwicklung dieser Fähigkeiten gearbeitet haben. Wenn du das Gefühl hast, dass du viel ungenutztes Potenzial hast, ist es wahrscheinlich, dass du deine kosmischen Fähigkeiten noch nicht vollständig entwickelt hast.

Die gute Nachricht ist, dass es nie zu spät ist, damit anzufangen! Wenn du an der Entwicklung deiner kosmischen Fähigkeiten arbeitest, kannst du erstaunliche Veränderungen in deinem Leben bewirken – sowohl persönlich als auch professionell.

Hier sind einige der Dinge, die du erreichen kannst, wenn du dir deine kosmischen Fähigkeiten zunutze machst …

- ein besseres Gespür für Sinn und Richtung im Leben
- mehr Erfolg und Reichtum
- bessere Beziehungen
- größere Kreativität und Produktivität
- höhere Intelligenz und geistige Klarheit
- bessere körperliche Gesundheit

Von Aquajanaa haben wir eine sehr gute Methode bekommen, wie du deine kosmischen Fähigkeiten entdecken und anwenden kannst. Diese Fähigkeiten werden dich vielleicht überraschen, denn man kann sie nicht mit dem Verstand begreifen. Du hast vielleicht gar nicht vermutet, dass du sie in dir hast. Wenn du also in diesem Channeling Dinge erlebst oder siehst, die du nicht für möglich halten würdest, wisse, dass sie dennoch möglich sind, denn das Universum ist genauso grenzenlos, wie du selbst es in deinen Fähigkeiten bist.

Lies dazu die folgende Botschaft, die Aquajanaa für dich durchgegeben hat …

Du hast kosmische Fähigkeiten

Geliebter Mensch, ich begrüße dich mit dem Segen des Lichts, so wie wir uns auf den Plejaden immer begrüßen. Fühle dieses wundervolle Licht der Liebe und Weisheit, das ich jetzt zu dir trage. Es ist eine große Ehre und Freude für mich, heute bei dir zu sein, und ich weiß, dass du auf diesen Moment gewartet haben. Wir werden jetzt beginnen.

Du bist ein großartiges Wesen des Lichts und der Liebe, das bei seiner Entstehung sehr viele Fähigkeiten bekommen hat. Viele dieser Fähigkeiten hast du vergessen, und ich werde dir heute helfen, einige wiederzuentdecken, zu aktivieren und auszudehnen. Dabei darf ich dich auf dieser wundersamen Erkundungsreise in die große Vielfalt deiner kosmischen Fähigkeiten begleiten.

Wenn wir von kosmischen Fähigkeiten sprechen, meinen wir damit die angeborenen Talente und Gaben, mit denen du in diese Welt geboren wurdest.

Das sind die Dinge, die dir von Natur aus gegeben sind und die du gut kannst, ohne dich anzustrengen. Sie sind ein Teil deines Wesens und machen dich im Kern aus.

Jeder Mensch hat unterschiedliche kosmische Fähigkeiten, und die Kombination dieser Fähigkeiten ist bei jedem einzigartig. Es gibt zwölf kosmische »Haupt«-Fähigkeiten, und innerhalb davon gibt es jeweils viele »Unter«-Fähigkeiten.

Du hast all diese Fähigkeiten bis zu einem gewissen Grad, aber einige sind stärker entwickelt als andere.

Durch die folgende Meditation, die Aquajanaa dir in ihrer unendlichen Liebe bringt, kannst du deine verborgenen Fähigkeiten wachrufen …

Aktivierung deiner kosmischen Fähigkeiten

Atme tief ein und entspanne deinen Geist und Körper. Erlaube dir, dich in einen Zustand des inneren Friedens und der Ruhe zu versetzen. Fühle den Klang der Worte in deinem Herzen und lasse alle Gedanken, Sorgen, Ängste und alles andere los, was dir durch den Kopf geht. Erlaube dir einfach, dich zu entspannen und in Frieden zu sein.

Stell dir jetzt vor, dass du in einem riesigen Ozean aus Licht schwebst. Dieses Licht ist erfüllt von Liebe, Weisheit und Verständnis. Es ist das Licht des Kosmos selbst. Während du schwebst, beginnt deine Seele sich zu entspannen und zu erinnern. Das Licht des Kosmos fließt in deine Aura, und du beginnst, dich an all deine kosmischen Fähigkeiten zu erinnern, an all das, was du von Natur aus gut kannst und was dir leichtfällt.

Während du dich an jede Fähigkeit erinnerst, erlaube ihr, in dir aktiver zu werden. Erweitere jede Fähigkeit, so gut du kannst. Erlaube deinen Fähigkeiten zu wachsen und sich auszudehnen, bis sie vollständig in dir aktiviert sind. Erlaube dir jetzt auch, deine verborgenen Fähigkeiten wahrzunehmen, die man nicht mit dem Verstand begreifen kann. Lasse sie alle an die Seelenoberfläche kommen und bewerte sie nicht. Lasse sie einfach so sein, wie sie sind. Sie werden außergewöhnlich sein, genauso außergewöhnlich, wie du selbst es bist. Nimm dir die Zeit und lasse dich tragen von den Bildern deiner Seele, denn es ist deine innere Wahrheit, deine innere Schönheit, die sich dir zeigt.

Erlaube dir, diese Fähigkeiten in deiner eigenen Zeit und Liebe weiter zu erforschen. Danke deinen Führern und Lehrern für ihre Hilfe und Liebe.

Und wisse, dass du immer an diesen Ort des Friedens und der Ruhe zurückkehren kannst, wenn du dich an deine kosmischen Fähigkeiten erinnern möchtest.

Und nun kehre in deiner Geschwindigkeit wieder ins Hier und Jetzt zurück. Bewege Hände und Füße und fühle den Segen des Lichts, den ich Aquajanaa, dir voller Liebe überbringe.

Wenn du fertig bist, atme ein paar Mal tief durch.

Trinke etwas Plejadenwasser, wenn du das Bedürfnis dazu hast. Vielleicht möchtest du die Fähigkeiten aufschreiben, an die du dich erinnerst oder die du während dieser Meditation gespürt hast. Achte auf alle neuen Fähigkeiten, die sich dir offenbart haben, auch wenn du sie nicht verstehst. Dies sind deine kosmischen Fähigkeiten.

Erinnere dich an sie und nutze sie weise in deinem Leben.

Jetzt kennst du einige deiner kosmischen Fähigkeiten und bist sicher überrascht über das, was du erlebt hast. Es ist an dir, deine Fähigkeiten zu nutzen. Wenn es für dich möglich ist, solltest du täglich üben, um diese Fähigkeiten zu vertiefen. So machst du am schnellsten Fortschritte.

Verwendung deiner kosmischen Fähigkeiten

Es ist nicht so schwer, deine kosmischen Fähigkeiten zu vertiefen, wie du es dir vielleicht vorstellst. Auch wenn deine Fähigkeiten sehr ausgefallen sind, kannst du sie jederzeit üben und stärken. Sei aber bitte nicht traurig, wenn es langsam vorangeht, denn »gut Ding will Weile haben«, so sagt man doch. Wichtig ist, dass du alles mit Freude und Leichtigkeit tust, dann fühlen sich die Energie und deine Seele frei, und alles geht viel leichter. Also baue dir keinen Druck auf, das würde dich nur blockieren.

Ich zeige dir jetzt eine kleine Übung, die dir nahebringt, wie du mit deinen Fähigkeiten wirken kannst ...

- Trinke einen Schluck vom Lichtwasser der Plejaden.
- Gehe in dein Herzchakra und dehne es mit dem Licht der Plejaden aus.
- Rufe Aquajanaa oder deine Sternenfamilie zur Unterstützung herbei.
- Denke an eine besondere kosmische Fähigkeit von dir.
- Stelle dir vor, was du mit dieser Fähigkeit bewirken kannst.
- Lasse dir Zeit dabei und genieße das Gefühl, dass du alles perfekt kannst.
- Nimm dir drei Minuten Zeit und übe.
- Freue dich über deine neuen kosmischen Fähigkeiten.
- Bedanke dich bei deiner Seele.
- Komme wieder zurück.
- Bewege deine Hände und Füße.
- Schreibe auf, was für dich wichtig ist.

Diese Übung solltest du immer wieder machen, um deine Fähigkeiten zu schulen. Für den Anfang ist es sinnvoll, nur mit einer Fähigkeit auf einmal arbeiten. Wenn du willst, kannst du dann später, sobald du erfahrener im Umgang mit deinen Fähigkeiten bist, auch mit mehr als einer Fähigkeit gleichzeitig arbeiten. Aber pass auf, dass du dich nicht überforderst.

Arbeite langsam und geduldig und vertraue darauf, dass sich deine Fähigkeiten zu ihrer eigenen Zeit entwickeln werden. Setze sie weise in deinem Leben ein und vergiss nicht, dabei Spaß zu haben!

Alles Leben auf der Erde ist mit dem Kosmos, der kosmischen Familie und dem All-Einen verbunden. Nur dadurch hast du deine Fähigkeiten. Wenn du diese Energie verstehst und damit arbeitest, kannst du auch deine DNA heilen, schützen und aktivieren.

Vier Schritte, wie du deine DNA heilen kannst

Unsere DNA ist der Bauplan für unseren physischen Körper, und sie bestimmt maßgeblich unsere Gesundheit und unser Wohlbefinden. Unsere kosmische Familie hilft uns dabei, unsere DNA zu schützen und zu aktivieren, aber es gibt auch einige Dinge, die wir selbst tun können, um diesen Prozess zu unterstützen.

Wer unsere kosmische Familie ist? Es sind Sternenvölker, die von Lyra, Sirius, den Plejaden, Andromeda, Arcturus, Prokyon, Centaurus, Epsilon und Eridani stammen. Sie alle haben Vertreter im Galaktischen Rates der Föderation, obwohl es auch Mitglieder im Galaktischen Rat gibt, deren Namen und Herkunft wir noch nicht kennen. Aber diese Wesen sind samt und sonders lichtvoll, sonst wären sie nicht in den Rat aufgenommen worden. Sie sind alle mit der Quelle verbunden, der unendlichen Intelligenz, Liebe und Kraft, die alles im Universum erschaffen hat und erhält.

Die Ratsmitglieder arbeiten mit uns durch unser höheres Selbst oder unsere Überseele. Sie helfen uns, uns zu erinnern, wer wir sind, woher wir kommen und warum wir hier sind. Sie helfen uns außerdem bei unserer spirituellen Entwicklung, zu der eben auch die Heilung und Aktivierung der DNA gehört.

Unsere DNA existiert auf zwei Ebenen, der körperlichen und der spirituellen Ebene. Die physische Ebene bestimmt unser körperliches Aussehen und unsere Gesundheit. Die spirituelle Ebene bestimmt unsere spirituelle Natur und unsere Verbindung zum Kosmos. Um unsere DNA zu aktivieren, sollten wir mit beiden Ebenen arbeiten. Dann können wir selbst viel dazu beitragen, unsere DNA zu heilen.

Der erste Schritt, eine positive Ausrichtung, ist unerlässlich. Deine Gedanken beeinflussen deine DNA. Wenn du also deine DNA positiv beeinflussen willst, musst du bei deinen Gedanken anfangen. Je besser du dich fühlst, desto mehr angenehme Gedanken wirst du haben und desto gesünder wird deine DNA sein.

Ebenso kannst du bestimmte Klänge, Frequenzen oder Farben nutzen, um deine DNA zu beeinflussen. Es gibt verschiedene Möglichkeiten, dies zu tun. Zum Beispiel kannst du dir eine DNA-Klangheilungsaufnahme in der Solfeggio-Frequenz von 528 Hertz anhören. Dies ist die Frequenz für die DNA-Reparatur. Du kannst auch eine Farblichttherapie anwenden. Rotes und blaues Licht sind dabei besonders wirksam.

Der zweite Schritt, um deine DNA zu heilen, ist die Zusammenarbeit mit der kosmischen Familie oder dem Galaktischen Rat. Am einfachsten geht das, wenn du sie über dein höheres Selbst oder deine Überseele um Hilfe bittest. Du kannst dies auch tun, indem du die Ratsmitglieder in ihren Lichtkörpern visualisierst und sie bittest, dir bei deiner DNA zu helfen. In diesem Fall werden sie sofort das heilende Licht der Blume des Lebens auf deine DNA übertragen. Sie wird sich mit den Energien, die du in dir trägst, verbinden und deine spirituelle Energie anheben. Die Blume des Lebens vereint die Energien der Schöpfung und der Vollkommenheit in sich. Sie ist ein sehr kraftvolles Symbol, das dir große Hilfe dabei leistet, deine DNA zu heilen und zu aktivieren.

Nutze dazu die folgende Übung, die wir hier an dich weitergeben. Dabei arbeitest du mit der Blume des Lebens. Bereite das Lichtwasser vor, wie es dir gezeigt wurde. Dann lege das Mandala der Blume des Lebens vor dich, das weiter vorn in diesem Buch abgebildet ist, und stelle die Flasche mit Lichtwasser darauf.

Nun beginnst du mit der Meditation. Du visualisierst zwölf lichte Wesen aus dem Galaktischen Rat. Stelle dir einfach zwölf helle Lichter vor mit dem Fokus, dass es die Mitglieder des Galaktischen Rats sind.

Bitte sie, dich beim Prozess der DNA-Aktivierung lichtvoll zu unterstützen.

Sieh, wie dich diese hellen Wesen in ihr heilendes Licht einhüllen und schützen.

Im nächsten Schritt fließt ihr Licht zur Blume des Lebens, die du vor dir ausgelegt hast. Die Blume des Lebens nimmt die Energien von den Ratsmitgliedern auf und überträgt sie auf dein plejadisches Lichtwasser. Trinke das Lichtwasser und spüre, wie die Energien der Ratsmitglieder in deinen Körper und in deine DNA fließen.

Du kannst diese Übung auch nutzen, um die Ratsmitglieder um Hilfe für andere Bereiche deines Lebens zu bitten. Bitte sie zum Beispiel, dir bei deinen Beziehungen, deiner Karriere oder deiner Gesundheit zu helfen.

Wenn du etwas ändern möchtest, kann es so geschehen.

Der dritte Schritt zur Heilung deiner DNA ist die Arbeit mit dem Erdstern-Chakra. Dieses Chakra befindet sich an deinen Fußsohlen und verbindet dich mit der Energie von Mutter Erde. Wenn dieses Chakra geöffnet ist, fühlst du dich geerdet und stabil.

Stelle dich dazu mit nackten Füßen auf die Erde oder ins Gras und visualisiere, dass du wie ein Baum mit der Erde verwurzelt bist. Spüre, wie die Energie von Mutter Erde in deine Füße und durch deinen Körper nach oben fließt.

Visualisiere nun ein weißes Licht, das aus dem Zentrum der Erde kommt und in deine Füße eindringt. Dieses weiße Licht reinigt und entschlackt dich.

Bitte darum, dass dieses Licht deine DNA heilt.

Es wird geschehen.

Der vierte Schritt, der gleichzeitig der letzte ist, besteht darin, mit den höheren Dimensionen zu arbeiten. Auch das kannst du durch Visualisierung oder mithilfe einer Meditation tun. Als Hilfsmittel kann dir dazu ein wunderschöner Garten in der fünften Dimension dienen, in dem dich die Liebe und das Licht der Plejaden umgeben.

Auch dazu geben wir dir eine Übung an die Hand.

Suche dir einen ruhigen Ort, an dem du nicht gestört wirst. Setze oder lege dich in eine bequeme Position und atme ein paar Mal tief durch.

Stelle dir nun vor, dass du dich in einem wunderschönen Garten in der fünften Dimension befindest. Stelle dir vor, dass du von der Liebe und vom Licht der Plejaden umgeben bist.

Spüre, wie die Liebe und das Licht der Plejaden in deinen Körper und deine DNA fließen.

Stelle dir nun vor, dass deine DNA geheilt und aktiviert wird.

Sieh, wie sich deine DNA in eine wunderschöne Kristallstruktur verwandelt.

Bleibe so lange in diesem Garten, wie du möchtest.

Wenn du bereit bist, atme tief und kehre zurück.

Wenn du diese Übungen machst, wirst du eine Veränderung in deinem Energiefeld spüren. Deine DNA wird aktiver und du wirst anfangen, neue Fähigkeiten zu erleben. Zum Beispiel kann es sein, dass du beginnst, Farben um Menschen oder Gegenstände herum zu sehen. Auch entwickelst du vielleicht allmählich ein Gefühl dafür, wie die Energie von anderen Menschen und Tieren ist. Das sind nur einige der Veränderungen, die du erleben kannst. Die Plejader sagen, dass manche Menschen bereits über diese Fähigkeiten verfügen. In dem Fall werden die Fähigkeiten auf die nächsthöhere Ebene angehoben.

Eine aktive DNA erfordert Heilsein und Schutz. Die Plejader sagen, dass euer Körper selbst genug Funktionen zur Reparatur und zum Schutz besitzt, die sich in der neuen Zeit wieder entfalten dürfen. Und sie unterstützen euch dabei energetisch. Hier geben sie euch eine Technik an die Hand, wie ihr eure DNA vor Schaden bewahrt …

Vier Schritte, wie du deine DNA schützen kannst

Das menschliche Genom ist eine Ansammlung genetischen Materials, das die Struktur, die Funktion und das Management eines Organismus bestimmt. Es ist die Blaupause für das Leben. Die DNA in unseren Genomen ist ständigen Angriffen durch freie Radikale und durch andere Umweltgifte ausgesetzt. Doch glücklicherweise könnt ihr eure DNA schützen, indem ihr einige ganz einfache Schritte befolgt.

Schritt eins: Giftstoffe meiden

Das bedeutet, biologisch angebaute Lebensmittel zu essen, verarbeitete Lebensmittel und Chemikalien zu meiden und die Belastung durch Umweltschadstoffe zu reduzieren. Die Plejader empfehlen eine Ernährung, die reich an Obst, Gemüse und Eiweißprodukten inform von Nüssen oder Hülsenfrüchten sowie Vollkornprodukten ist. Sie raten außerdem vom Rauchen und übermäßigen Alkoholkonsum ab.

Schritt zwei: Regelmäßig Sport treiben

Auch sich regelmäßig zu bewegen ist für den Schutz der DNA unerlässlich. Bewegung hilft, Stress abzubauen, den Kreislauf zu verbessern und den Körper zu entgiften. Die Plejader empfehlen ein moderates Maß an Bewegung drei bis fünf Mal pro Woche. Deine Gedanken werden dadurh positiv und die Gene in deinem Körper richten sich positiv aus. Diese positive Ausrichtung ist gleichzeitig ein hervorragender Schutz.

Schritt drei: Täglich meditieren

Meditation hilft, Stress abzubauen, die geistige Klarheit und Konzentration zu verbessern und die Entspannung zu fördern. Die Plejader empfehlen, mindestens zwanzig Minuten pro Tag zu meditieren. In diesen Meditationen solltest du auch um Schutz vor negativer Energie und Beeinflussung bitten.

Schritt vier: Verbinde dich mit der kosmischen Familie

Wesentlich für den Schutz deiner DNA ist nicht zuletzt die Verbindung mit der kosmischen Familie. Die Plejader sagen, dass wir alle miteinander und mit dem Universum verbunden sind. Sie sagen, dass wir uns mit unserer kosmischen Familie verbinden sollen, weil wir dadurch eine mächtige Quelle der Unterstützung und des Schutzes anzapfen. Es gibt viele Möglichkeiten, sich mit der kosmischen Familie zu verbinden. Du kannst meditieren, beten oder einfach Zeit in der Natur verbringen.

Hier folgt nun eine kleine Übung, die du überall machen kannst, wenn du dich das nächste Mal gestresst, besorgt oder ängstlich fühlst. Atme ein paar Mal tief durch und stelle dir vor, dass du von der kosmischen Familie umgeben bist. Spüre ihre Liebe und Unterstützung. Lass deine Sorgen los und entspanne dich in ihrer liebevollen Umarmung. Bitte sie um Schutz für dich und deine DNA. Öffne deine Zellen bewusst mit deinem Fokus und stell dir vor dem inneren Auge vor, wie die Schutzenergien in deine Zellkerne einfließen. Du wirst spüren, wie belebende Energie dich durchströmt und dir neue Kraft verleiht.

Es gibt vieles, was wir tun können, um unser Leben zu verbessern, aber wesentlich ist es, uns auf höhere Ebenen der Liebe einzustellen. Die Heilung und der Schutz unserer DNA ist dabei lediglich ein Anfang. Wenn es um die Rückerlangung der Liebe geht, damit wir anhaltend zu Glück und Erfolg finden, ist die 12-Strang-DNA der Schlüssel. Die Königsdisziplin der Anpassung eurer DNA besteht praktisch im Wiederaufbau ihrer Funktionen mit zwölf Strängen. Die Plejader helfen euch dabei, wie ihr eure DNA so umgestalten könnt, dass ihr ein höheres Maß an Liebe und Energie in eurem Leben erreicht.

Wie du deine DNA auf höhere Ebenen der Liebe einschwingst

Hier besteht der erste Schritt darin, die Funktionen der zwölf Stränge wiederherzustellen, der zweite Schritt darin, deine Schwingung zu erhöhen. Der dritte Schritt besteht darin, sich mit anderen zu verbinden, die ebenfalls ihre DNA wiederhergestellt haben. Und der vierte und letzte Schritt besteht schließlich darin, deine Realität bewusst zu erschaffen.

Wenn du diese vier Schritte befolgst, kannst du ein höheres Maß an Liebe in deinem Leben erreichen und dein Bewusstsein auf neue Ebenen anheben. Das hilft dir bei allem, was dich beschäftigt und umtreibt und vielleicht deinem Glück im Weg steht.

Zum Beispiel denken viele Menschen, dass sie einen Partner brauchen, um glücklich oder erfüllt zu sein, aber das könnte nicht weiter von der Wahrheit entfernt sein. Du bist in der Lage, dein Glück in dir selbst zu finden. Es ist wichtig, sich daran zu erinnern, dass du ein Wesen aus der Schöpfung des All-Einen bist. Du bist eins mit allen anderen, und es ist an der Zeit, dass ihr euch alle an euer wahres Potenzial erinnert!

Der erste Schritt, um deine Schwingung und dein Bewusstsein entsprechend zu erhöhen, ist dabei die Reparatur der DNA. Um die Funktion der DNA wiederherzustellen, musst du dich als Erstes daran erinnern, wer du bist: Du bist ein lichtvolles Wesen, das eine menschliche Erfahrung macht. Du bist nicht dein Körper oder dein Ego. Deine wahre Natur ist die Liebe! Sobald du dich daran erinnerst, erhöht sich deine Schwingung unwillkürlich und du kannst dich mit anderen verbinden, die ebenfalls ihre DNA wiederhergestellt haben. Du erkennst sie daran, dass sie besonders viel Liebe ausstrahlen! Denke immer daran: Gemeinsam könnt ihr eine Welt voller Liebe und Licht erschaffen!

Der zweite Schritt, deine Schwingung zu erhöhen, geschieht bereits beim Lesen dieses Buchs. Jedes Wort trägt die hohe Energie der plejadischen Liebe. Beim Schreiben bin ich eng verbunden mit Aquajanaa und ihrem Wissen, und ihre Energie erfüllt mich. Dadurch enthält jedes Wort automatisch diese Energie, die sofort auf dich übergeht und dich schützt und begleitet, wenn du das Buch liest oder die Übungen vollziehst.

Um den dritten Schritt zu absolvieren, kannst du dich mit anderen spirituellen Menschen treffen und austauschen. Du findest sie in Buchläden, online, auf Workshops oder Seminaren.

Es gibt so viele Menschen, die das gleiche Ziel haben wie du: Sie wollen ihre Schwingung erhöhen und eine Welt erschaffen, erfüllt von Liebe! Auf einem Seminar wirst du zum Beispiel viele Menschen mit der gleichen Ausrichtung treffen. Man fühlt sich dort gut, wie in einer großen spirituellen Familie. Man fühlt sich anerkannt, geliebt und geschätzt. Man meditiert zusammen und bringt das Licht auf der Erde zum Leuchten.

Die Plejader sagen, wenn wir zusammenarbeiten, können wir alles erschaffen, was wir wollen. Wir sind unermesslich mächtig, und es ist an der Zeit, dass wir uns an unser wahres Potenzial erinnern und mit der plejadischen Lebensenergie verbinden. Lasst uns gemeinsam eine Welt der Liebe, des Friedens und der Harmonie erschaffen.

Verbindung mit der plejadischen Lebensenergie

Um den Übergang in die fünfte Dimension leichter zu schaffen, sagt Aquajanaa, sollen wir uns mit der Lebensenergie der Plejaden verbinden. Sie sagt, die plejadische Lebensenergie ist sehr kraftvoll. Wenn wir uns mit ihr verbinden, wird sie uns helfen, die Tore zu einem höheren Verständnis für alles, was ist, zu öffnen, die Tore zu einem höheren Bewusstsein. Sie sagt, der Schlüssel für unser inneres Wachstum besteht darin, unsere aktuelle Lebensenergie mit der Lebensenergie der Plejaden in Einklang zu bringen, weil die Bewohner der Plejaden als einige der mächtigsten und spirituellsten Wesen im Universum bekannt sind. Wenn du deine Lebensenergie mit ihrer Energie in Einklang bringst, kannst du ihre Wege nutzen, um dein spirituelles Feuer in dir zu entfachen.

Was bedeutet Lebensenergie? Lebensenergie ist die Energie, die alle Lebewesen belebt und erhält. Sie wird auch Qi, Prana oder Ki genannt. Diese Energie fließt durch alles im Universum, auch durch unseren Körper. Wenn unsere Lebensenergie hoch ist, fühlen wir uns pulsierend und lebendig. Wenn sie niedrig ist, fühlen wir uns müde und träge.

Aquajanaa sagt, dass es möglich ist, sich mit der plejadischen Lebensenergie zu verbinden. Was bedeutet plejadische Lebensenergie? Plejadische Lebensenergie ist die höchstmögliche Schwingung von Liebe und Licht, die ein Mensch erfahren kann. Sie ist ein Teil der Frequenz des All-Einen. Wenn du dich mit dieser Energie verbindest, wirst du eine Erweiterung deines Bewusstseins und ein tiefes Gefühl des Friedens spüren. Du kannst auch körperliche Heilung erfahren, denn diese Energie ist für ihre Heilkraft bekannt.

Aquajanaa sagt, dass der beste Weg, sich mit der plejadischen Lebensenergie zu verbinden, die Meditation ist. Durch Meditation kannst du deinen Geist beruhigen und dich mit deinem höheren Selbst verbinden. Wenn du meditierst, wirst du die Energie der Plejaden deutlicher spüren können. Du kannst auch Affirmationen und Visualisierungen verwenden, um dich mit der plejadischen Energie zu verbinden.

Aquajanaa sagt, dass es wichtig ist, sich daran zu erinnern, dass wir alle mit der gleichen Quelle der Lebensenergie verbunden sind. Wir sind alle eins.

Wenn du dich mit der plejadischen Energie verbindest, bist du gleichzeitig mit der ganzen Menschheit verbunden. Die plejadische Lebensenergie ist ein sehr großes Kraftfeld und steht allen Menschen offen. Diejenigen, die davon wissen, werden sehr davon profitieren können.

Aquajanaa sagt, dass der beste Weg, sich mit der Lebensenergie der Plejaden zu verbinden, die Meditation ist. Wenn wir meditieren, können wir unseren Geist beruhigen und uns mit unserem höheren Selbst verbinden. Dadurch können wir die plejadische Energie deutlicher spüren und sie für uns nutzen.

Wie gesagt, die Plejader gehören zu den mächtigsten und spirituellsten Wesen im Universum. Wenn wir unsere Lebensenergie mit der ihren in Einklang bringen können, können wir die Tore zu einem höheren Bewusstsein öffnen.

Und dazu übergeben wir dir hier eine Übung, die dir hilft, dich mit der plejadischen Lebensenergie zu verbinden. Sie ist sehr einfach, du kannst sie gleich selbst ausprobieren. Nimm dir ein wenig Zeit, in der du ungestört bist …

Setze oder lege dich bequem hin und atme tief. Entspanne deinen ganzen Körper. Verbinde dich gedanklich mit den sieben Sternen der Plejaden. Sieh sie vor deinem geistigen Auge, schön und hell leuchtend. Spüre jetzt, wie die Energie dieser Sterne durch deinen Scheitel in deinen Körper eindringt. Spüre, wie sie dein ganzes Wesen mit ihrem Licht erfüllt.

Stelle dir nun vor, dass dich die plejadische Lebensenergie stärkt und regeneriert. Sieh, wie sie alle Bereiche deines Körpers heilt, die der Heilung bedürfen. Sieh, wie sie dich mit ihrem Licht und ihrer Liebe erfüllt. Erlaube dir, die Wärme dieser Energie zu spüren, die dein ganzes Wesen durchdringt.

Beginne nun, diese Energie einzuatmen, und dehne dich so weit aus, wie es dir möglich ist. Spüre, wie die plejadische Lebensenergie durch deine Zellen fließt und sie regeneriert und erneuert. Genieße, was geschieht, denn du bist eng mit den Plejadern verbunden.

Manchmal kann es sein, dass ein Heiler der Plejaden zu dir kommt oder mit dir spricht. Dies ist ein großartiger Moment, den du genießen kannst.

Bleibe so lange in diesem Zustand, wie du willst, dann atme tief und kehre zurück. Beginne deinen Tag neu, erfüllt vom Licht der Plejaden.

Es gibt auch eine kraftvolle Energietechnik der Plejader, die du einsetzen kannst, um deine Hellsichtigkeit zu verbessern. Aquajanaa hat sie für dich durchgegeben …

Wie du deine Hellsichtigkeit steigern kannst

Rufe dazu Aquajanaa mit deiner inneren Stimme herbei und bitte sie um Unterstützung. Sie wird dir zeigen, wie man die Technik der Plejadenenergie nutzen kann, um sein Drittes Auge zu öffnen und so seine Hellsichtigkeit zu verbessern. Voraussetzung ist, dass die richtige Energie übertragen wird. Sie wird von Aquajanaa, einer der Sieben Kosmischen Schwestern, für dich zur Verfügung gestellt.

Aquajaana schlägt folgende kurze Übung vor …

Suche dir zunächst einen bequemen Platz, an dem du sitzen oder liegen kannst.

Atme ein paar Mal tief durch und stelle dir die sieben Sterne der Plejaden vor.

Dann stell dir vor, dass ein helles weißes Licht vom Sternhaufen der Plejaden herabstrahlt.

Dieses Licht tritt durch dein Kronenchakra ein und erfüllt deinen ganzen Körper mit göttlichem Licht. Stell dir vor, dass dieses Licht deinen Körper, deinen Geist und deine Seele reinigt und läutert.

Stell dir nun vor, dass dieses Licht das Chakra deines Drittes Auges aktiviert.

Visualisiere, wie sich dein Drittes Auge öffnet und ausdehnt.

Sieh oder fühle, wie du hellsichtiger wirst.

Danke Aquajanaa für ihre Hilfe.

Wiederhole diese Übung jeden Tag. Je öfter du sie anwendest, desto hellsichtiger wirst du werden. Wenn du also deine hellseherischen Fähigkeiten verbessern willst, probiere die Technik der Plejadenenergie aus!

Aquajanaa ist ein sehr gebildetes Wesen, dessen Aufgabe es ist, uns Menschen zu helfen, uns spirituell weiterzuentwickeln. Sie freut sich immer, wenn sie helfen darf. Sie sagt, dass du mit dieser Methode gute Fortschritte machen kannst. Es wäre hilfreich, wenn du vor der Übung einen Schluck vom Lichtwasser der Plejaden trinken würdest. Das würde den Vorgang sehr gut unterstützen und vielleicht sogar beschleunigen. Sie sagt auch, dass du alles spielerisch wie ein Kind machen sollst, ohne dich selbst unter Druck zu setzen. Genieße einfach den Prozess und die Ergebnisse werden von selbst kommen.

Viele Menschen sagen, dass sie nichts hellsichtig sehen. Das stimmt so nicht, denn jeder Mensch trägt die Fähigkeit in sich, mit dem Dritten Auge wahrzunehmen.

Nur ist manchmal der Schleier des Vergessens so dicht, dass die Menschen sich klein machen und meinen, sie könnten so etwas nicht. Aquajanaa sagt, wenn du es wirklich willst, kannst du es auf jeden Fall schaffen.

Hab einfach Spaß und genieße den Prozess!

Die oben beschriebene Übung ist nur eine Möglichkeit, die Plejadenenergie zu nutzen, um die Hellsichtigkeit zu erhöhen. Es gibt noch viele andere Möglichkeiten, darunter die folgenden. Wenn du daran interessiert bist, hellsichtiger zu werden, kannst du auch diese Übungen ausprobieren. Und wisse, es gibt keine Grenzen für das, was du erreichen kannst!

Eine weitere Übung, um deine Hellsichtigkeit zu verbessern …

Setze dich bequem hin und rufe wieder Aquajanaa zu Hilfe. Sie wird sich freuen, dir zu helfen.

Danke ihr schon im Vorfeld für ihre Hilfe und Liebe. Und dann stelle dir vor, wie die Sterne der Plejaden auf dich herabscheinen, und fühle, wie die Liebe und das Licht des Universums dein ganzes Wesen erfüllt!

Lege deine linke Hand auf dein Drittes Auge und deine rechte Hand auf dein Herz. Lasse deine Gedanken wie kleine weiße Wolken am Himmel vorüberziehen und richte deine Aufmerksamkeit auf deinen Atem.

Atme langsam und tief ein und aus.

Spüre mit jedem Atemzug, wie die Liebe und das Licht des Universums durch dein Kronenchakra in deinen Körper eindringen und dein ganzes Wesen erfüllen. Spüre, wie das göttliche Licht dich reinigt und heilt.

Lasse diese Liebe und dieses Licht von deinem Herzen zu deinem Dritten Auge fließen. Siehe oder spüre, wie sich dein Drittes Auge öffnet und ausdehnt.

Nimm dir ein wenig Zeit, damit die Energien wirken können, und genieße, was geschieht.

Du bist nun sehr tief in den Energien versunken und fühlst, dass Aquajanaa bei dir ist.

Wenn du magst, kannst du ihr jetzt eine Frage stellen. Sie wird dir gerne antworten. Entweder sendet sie dir Bilder, lässt dich etwas fühlen oder gibt dir eine kurze Antwort.

Wenn du fertig bist, bedanke dich bei Aquajanaa für ihre Hilfe und Liebe.

Bleibe noch eine Weile sitzen und spüre, wie die Energien durch deinen Körper fließen. Dann stehe langsam auf und gehe deinem Tag nach.

Je öfter du diese Übung machst, desto hellsichtiger wirst du werden!

Aquajanaa ist ein Wesen der Liebe und des Lichts, das uns Menschen immer gerne hilft, wenn es darum geht, dass wir uns spirituell weiterentwickeln. Wenn du hellsichtiger werden möchtest, sagt sie, kannst du auch die folgende Technik der Plejadenenergie ausprobieren …

Steigerung der Hellsichtigkeit durch Affirmation

Atme tief und verbinde dich mit Aquajanaa. Bitte sie um die Plejadenenergie. Spüre, wie die Energie der Plejaden durch dein Drittes Auge in dich eindringt. Während du das tust, sprich laut oder in Gedanken …

»Ich bin offen, die Energien der Plejaden zu empfangen!
Ich bin jetzt auf die Energien der Plejaden eingestimmt!
Ich bin jetzt verbunden mit den Plejaden!
Meine Hellsicht verbessert sich mit jedem Tag!
Ich bin den Plejaden für ihre Hilfe dankbar!
Ich danke dir, Aquajanaa, für deine Hilfe!«

Aquajanaa sagt, dass du diese Übungen jederzeit wiederholen kannst. Tue dies so oft wie möglich. Dein Drittes Auge wird sich dadurch stetig weiterentwickeln.

Viele von uns hegen den Wunsch, sich telepathisch miteinander verständigen zu können. Solange wir in der dritten Dimension leben, ist das schwierig, aber nicht unmöglich. Aquajanaa gibt uns dafür die folgende Übung an die Hand …

Wie du mit Gedankenkraft kommunizierst

Telepathie ist die Fähigkeit, mit einer anderen Person zu kommunizieren, nur kraft seiner Gedanken. Dies kann über große Entfernungen hinweg geschehen und erfordert keinerlei physischen Kontakt. Genutzt wird dazu eine Form der Anbindung.

Bei allem, was die Plejader tun, nutzen sie die Energie des Kosmos, die unendliche vollkommene Liebe des All-Einen, um sich jeden Tag aufs Neue in tiefe Achtsamkeit einzustimmen. Dies sollten wir uns ebenfalls zu eigen machen, sagt Aquajanaa, denn dadurch bekommen wir diese besondere Anbindung zu allem, was ist. Und wenn wir uns verbunden und geschützt fühlen, erhöhen sich unsere Chancen auf eine erfolgreiche telepathische Kommunikation. Dazu gibt es auch eine Methode …

Aquajanaa sagt, der erste Schritt besteht darin, sich darüber klar zu werden, was du mitteilen möchtest. Wenn du mit anderen Gedanken beschäftigt bist, kannst du dich vielleicht nicht auf deine Botschaft konzentrieren und bist zu sehr abgelenkt. Deshalb solltest du sehr fokussiert sein und dich nur auf das konzentrieren, was du wirklich mitteilen möchtest. Hierfür benötigst du klare Bilder, die das beschreiben, was du sagen willst. Du kannst solche Bilder visualisieren und solltest dies auch intensiv üben.

Ein weiterer wichtiger Schritt ist es, sich zu entspannen und seinen Geist von allen Ablenkungen zu befreien. Atme dazu tief ein und aus und lass jegliche Spannungen in deinem Körper los. Dabei kannst du dich auf die Blume des Lebens konzentrieren und ihre Energie tief in dein Herz hineinatmen. Sobald du entspannt bist, stellst du dir die Person, mit der du kommunizieren möchtest, vor deinem geistigen Auge vor. Schicke ihr eine klare, prägnante Nachricht und warte auf eine Antwort. Wenn du nicht sofort eine Antwort erhältst, lass dich nicht entmutigen – es braucht manchmal ein wenig Zeit. Es ist wichtig, dass du Geduld mit dir hast und in deinem Geist klar und konzentriert bleibst.

Der Schlüssel zur telepathischen Kommunikation ist Übung, Übung, Übung! Je mehr du telepathisch kommunizierst, desto einfacher wird es. Mit ein bisschen Anstrengung wirst du in der Lage sein, mit deinen Liebsten, Freunden und sogar Tieren telepathisch zu kommunizieren.

Also fang einfach damit an und bedenke, dass du nichts falsch machen kannst. Du bist mit allem verbunden, was ist, und allem, was jemals sein wird.

Übe vielleicht mit einer Freundin oder einem Freund. Ihr solltet euch dazu gegenüber hinsetzen, die Augen schließen und euch so tief wie möglich entspannen. Atmet ein paar Mal tief durch und macht euren Kopf frei von allen Ablenkungen. Schickt euch gegenseitig eine klare Botschaft mit Bildern, die darstellen, was ihr sagen wollt. Seid geduldig und wartet auf eine Antwort. Dann könnt ihr euch gegenseitig austauschen und das so Gelernte vertiefen.

Aquajanaa sagt, wenn man sich mit einem Tier telepathisch austauschen möchte, gibt es eine besondere Methode, die nicht schwer zu erlernen ist. Sie geht so …

Die Lichttunnel-Methode

Du solltest dich vor das Tier setzen oder stellen und dich entspannen. Wenn das Tier nicht bei dir ist, benutze ein Foto und visualisiere, dass du mit dem Tier verbunden bist. Dann konzentriere dich auf dein Herz und lasse aus deinem Herzen einen weißen Lichtstrahl zum Herzen des Tiers fließen. Daraus entsteht ein Tunnel aus Licht. Sende in diesen Tunnel eine klare Botschaft mit Bildern, die darstellen, was du sagen willst. Das Wichtigste ist, dass du sehr konzentriert, geduldig und entspannt bist. So gelangt deine Botschaft direkt in das Herz des Tiers und es wird diese Botschaft verstehen. Tiere verstehen telepathische Kommunikation normalerweise besser als Menschen und sie werden dir mit Bildern antworten, die sie durch den Lichttunnel zwischen euren Herzen wieder zurücksenden.

Diese Lichttunnel-Methode verwenden die Plejader auch sehr gerne untereinander. Man sagt, dass es eine sehr schöne Art der Kommunikation ist und eine tiefe Verbindung zwischen zwei Seelen schafft. Denn sie geschieht von Herz zu Herz.

Du siehst also, telepathische Kommunikation ist nicht so schwierig, wie es vielleicht erst den Anschein hat. Mit ein bisschen Übung wirst du in der Lage sein, mit der Kraft der Gedanken zu kommunizieren. Und wer weiß, vielleicht wirst du eines Tages sogar in der Lage sein, telepathisch mit den Plejadern zu kommunizieren!

Telepathie ist eine ganz wunderbare Art zu kommunizieren. Sie ist sehr direkt und es sind keine Worte nötig. Du kannst dich mit jedem und überall auf der Welt austauschen, solange du entspannt und konzentriert bist. Der Schlüssel zur telepathischen Kommunikation ist Üben, Üben, Üben, aber das haben wir dir ja schon gesagt!

Die Plejader freuen sich, wenn du telepathisch mit ihnen Kontakt aufnehmen möchtest. Sie sind immer da, um dir zu helfen und dich auf deinem Weg zu unterstützen. Zögere also nicht, sie um Hilfe zu bitten, wenn du welche benötigst. Am besten wendest du dich zunächst an Aquajanaa, denn sie wurde geschult, um unter Menschen zu wirken.

Sie kennt die Probleme der Menschen und kann sich besonders gut in dich hineindenken.

Aber vergiss nicht, dass du eine Verbindung zu allen Plejadern hast. Sie sind immer bei dir und lieben dich sehr. Und wenn du ein wenig fortgeschritten bist, kannst du auch mit den Kommandanten sprechen. Sie sind sehr weise und können dir auf deiner Reise helfen.

Denke daran, dass die telepathische Kommunikation in beide Richtungen geht. Du musst offen dafür sein, sowohl Botschaften zu empfangen als auch zu senden. Also entspanne dich, mach deinen Kopf frei und lass die Magie geschehen!

Je mehr du telepathisch kommunizierst, desto leichter wird es dir fallen. Mit ein bisschen Anstrengung wirst du immer besser werden und kannst schon bald längere Gedankengänge telepathisch übertragen. Die Plejader nutzen ihre Gedankenkraft, um sich mit ihren Freunden auf anderen Planeten zu verständigen.

So sind sie immer, wenn sie es wünschen, mit allen Wesen im Universum verbunden. Sie sagen, dass dies die Zukunft der Kommunikation ist und wir alle diese Technik lernen müssen, um miteinander in Verbindung zu treten.

Telepathie ist wirklich eine ganz wunderbare Sache. Sie schafft eine tiefe Verbindung zwischen zwei Seelen. Und weil sie von Herz zu Herz geschieht, ist sie für beide Seiten sehr heilsam. Aquajanaa sagt, dass auch heilende Energien telepathisch untereinander versendet werden. Das ist eine großartige Art, jemandem zu helfen, der in Not ist.

Das Beste an der Telepathie ist, dass sie keine anderen Mittel benötigt als dein Herz. Sie ist kostenlos! Es fallen keine Telefonkosten an, keine Internetgebühren und es sind auch keine Briefmarken erforderlich. Alles, was du brauchst, ist Liebe, Entspannung und Konzentration! Telepathie ist ein Werkzeug der Neuen Zeit – und wenn wir in die fünfte Dimension aufsteigen, werden wir sie alle beherrschen.

Also bereite dich jetzt schon darauf vor, damit du es dann leichter hast.

13

Wie das Leben in der fünften Dimension aussieht

Es gibt viele Theorien darüber, wie das Leben in der fünften Dimension aussehen wird. Einige sagen, dass wir auf der Erde bleiben werden, während andere glauben, dass wir sie ganz verlassen. Niemand weiß sicher, was passieren wird, aber das hält uns nicht davon ab, uns vorzustellen, wie es sein könnte! Über diese Themen habe ich den Galaktischen Rat der Föderation befragt. Aquajanaa, die Plejaderin, und der Galaktische Rat haben mir daraufhin vom Leben in der fünften Dimension berichtet …

»In der fünften Dimension gibt es weder Zeit noch Raum, wie wir sie kennen. Das bedeutet, dass wir nicht an die Grenzen der physischen Welt gebunden sind. Wir sind in der Lage, uns augenblicklich durch Zeit und Raum zu bewegen. Auch das bedeutet, dass wir nicht an die Gesetze der Physik, wie wir sie kennen, gebunden sind. In der fünften Dimension ist alles möglich.«

Das klingt nach einem ziemlich tollen Ort zum Leben! Wir müssen nicht mehr im Stau stehen oder uns um Geld Sorgen machen. Wir können reisen, wohin wir wollen und wann immer wir wollen. Und da alles möglich ist, könnten wir auch unsere eigene Realität erschaffen!

Nun möchte ich gerne die Antworten von Aquajanaa und dem Galaktischen Rat auf meine Fragen mit euch teilen …

Dreiunddreißig Fragen an den Galaktischen Rat

Werden alle Menschen mit in die fünfte Dimension aufsteigen?

Sie sagen: Nein, anfänglich werden nicht alle Menschen in die fünfte Dimension aufsteigen. Einige werden sich dafür entscheiden, in den unteren Dimensionen zu bleiben, und das ist in Ordnung. Jeder hat seinen eigenen Weg zu gehen. Später wird sich das ändern und am Ende werden alle Menschen in die fünfte Dimension aufsteigen.

Was bedeutet das für die Menschheit?

Sie sagen: Es bedeutet, dass viele von euch sich allmählich in einen höheren Bewusstseinszustand begeben werden, nach und nach, manchmal auch recht schnell. Aber je mehr Menschen aufsteigen, um so schneller werden die restlichen Menschen nachziehen und die neue Erde zu einem Paradies machen. Irgendwann wird dann jeder die fünfte Dimension erreichen.

Wo leben die Menschen, die anfangs nicht mitgehen?

Sie sagen: Es gibt viele verschiedene Daseinsebenen, und jeder Mensch wird auf die Ebene gehen, die für ihn richtig ist.

Manche werden auf der Erde bleiben, andere werden auf ferne Planeten oder in andere Galaxien ziehen.

Werden die Familien deshalb auseinandergerissen werden?

Sie sagen: Nein, Familien werden nicht auseinandergerissen werden. Wir sind alle durch die Liebe, die wir teilen, miteinander verbunden. Selbst wenn wir uns in verschiedenen Dimensionen befinden, werden wir immer noch in der Lage sein, uns gegenseitig zu spüren und miteinander zu verbinden.

Wird es eine neue Erde geben?

Sie sagen: Es kommt darauf an, ob die Menschen es schaffen, die neue Erde zu manifestieren, denn nur dann wird sie entstehen. Hier ist die Entscheidung eines jeden Einzelnen sehr wichtig und ausschlaggebend für das, was kommen wird.

Wird die neue Erde nur energetisch existieren oder auch physisch da sein?

Sie sagen: Auf diese Frage gibt es keine einheitliche Antwort. Es kommt darauf an, ob die Manifestation der Menschen für die neue Erde stark genug ist, denn nur dann kann sie auch physisch entstehen. Manche Menschen glauben, dass die neue Erde lediglich ein Energiefeld sein wird, während andere glauben, dass sie ein physischer Ort sein wird. Es liegt an jedem Einzelnen, zu entscheiden, was er glaubt. Daraus wird dann die neue Dimension der Erde entstehen. Ob physisch oder energetisch, beides wäre richtig.

Was wäre, wenn die neue Erde nur energetisch existiert?

Sie sagen: Wenn die neue Erde nur energetisch existiert, werdet ihr in der Lage sein, eure eigene Realität zu erschaffen. Ihr werdet nicht an die Gesetze der Physik, wie ihr sie bisher kanntet, gebunden sein. Ihr werdet in der Lage sein, alles zu erschaffen, was ihr euch vorstellen könnt.

Habt ihr einen Rat für Menschen, die noch auf der Erde sind und den Wechsel bisher nicht vollzogen haben?

Sie sagen: Ja, wir haben einen Ratschlag. Wir würden ihnen raten, sich auf ihr Herzzentrum zu konzentrieren und sich mit ihrem höheren Selbst zu verbinden. Das hilft ihnen, sich zu entspannen und alle Ängste und Zweifel, die sie vielleicht haben, loszulassen und sich klar zu entscheiden, wie ihr Leben weitergehen soll.

Werden die Menschen, die zurückbleiben, den Kontakt zu den anderen Menschen verlieren?

Sie sagen: Nein, sie werden immer noch in der Lage sein, miteinander zu kommunizieren. Sie werden sich nur auf verschiedenen Ebenen der Existenz befinden.

Wird es die Erde zweimal geben? In einer physischen und einer nicht physischen Form?

Sie sagen: Nein, die Erde wird nur in den unteren Dimensionen physisch existieren. Die fünfte Dimension liegt jenseits der physischen Welt.

Glaubst ihr, dass Menschen in den unteren Dimensionen bleiben wollen?

Sie sagen: Wir denken, dass einige Menschen in den unteren Dimensionen bleiben werden, weil sie sich dort wohlfühlen oder weil sie nicht glauben, dass die höheren Dimensionen überhaupt existieren. Aber wir glauben auch, dass viele Menschen sich für den Aufstieg entscheiden werden, weil sie für eine neue Welt bereit sind.

Was geschieht mit den Menschen, die zurückbleiben?

Sie sagen: Sie werden weiterhin das Leben in den unteren Dimensionen erleben. Aber wenn immer mehr Menschen in höhere Dimensionen aufsteigen, werden die anderen Menschen auf jeden Fall nachfolgen.

Was geschieht mit den Tieren?

Sie sagen: Die Tiere werden auch in die fünfte Dimension aufsteigen. Sie werden mit euch in der neuen Welt sein.

Was ist mit den Pflanzen?

Sie sagen: Auch die Pflanzen werden in die fünfte Dimension aufsteigen. Sie werden ein wichtiger Teil der neuen Welt sein.

Wie sieht die fünfte Dimension aus?

Sie sagen: Es gibt keine einheitliche Antwort auf diese Frage, denn jeder Mensch macht eine andere Erfahrung. Dadurch wird die fünfte Dimension sehr vielfältig sein, so sehr, dass wir dies mit unserem menschlichen Verstand zum jetzigen Zeitpunkt nicht fassen können.

Werden wir unseren physischen Körper in der fünften Dimension behalten?

Sie sagen: Nein, ihr werdet in der fünften Dimension keine physischen Körper brauchen. Ihr werdet reine Energie sein.

Was werden wir in der fünften Dimension tun?

Sie sagen: Es gibt keine Grenzen für das, was ihr in der fünften Dimension tun könnt. Ihr könnt alles erschaffen, was ihr wollt.

Wie werden wir dort miteinander sprechen?

Sie sagen: Ihr werdet dort telepathisch kommunizieren.

Welche Sprache werden wir benutzen?

Sie sagen: In der fünften Dimension gibt es keinen Bedarf für eine Sprache. Ihr werdet direkt über eure Gedanken kommunizieren. Jeder wird jeden verstehen.

Denkt ihr, dass die Menschen in der fünften Dimension glücklich sein werden?

Sie sagen: Ja, wir glauben, die Menschen werden in der fünften Dimension sehr glücklich sein. Denn sie werden in der Lage sein, ihre eigene Realität zu erschaffen und in Frieden und Harmonie zu leben.

Warum ist der Übergang, die Zeit des Wandels, so schwierig?

Sie sagen: Der Übergang ist schwierig, weil ihr von einem niedrigeren Bewusstseinszustand in einen höheren übergeht. Es ist wie das Erwachen aus einem Traum.

Was können wir tun, um den Übergang zu erleichtern?

Sie sagen: Es gibt keine einheitliche Antwort auf diese Frage, denn jeder Mensch macht andere Erfahrungen. Manche Menschen müssen vielleicht meditieren oder Energiearbeit leisten. Andere müssen vielleicht spirituelle Bücher lesen oder Zeit in der Natur verbringen. Jeder wird seinen eigenen Weg finden.

Welchen Rat würdet ihr Menschen geben, die noch unentschlossen sind, ob sie in die fünfte Dimension aufsteigen sollen oder nicht?

Sie sagen: Wir würden ihnen raten, auf ihr Herz zu hören und ihrer Intuition zu folgen. Die fünfte Dimension ist ein wunderbarer Ort und wir glauben, dass jeder dort glücklich sein wird. Man darf vertrauen, denn alles geschieht so, wie es geschehen soll.

Werden die Menschen in der fünften Dimension engen Kontakt mit den Plejaden haben?

Sie sagen: Ja, die Menschen in der fünften Dimension werden engen Kontakt mit den Plejaden haben. Denn sie werden viel von den Plejadern lernen, die ihre Führer und Lehrer sein werden.

Was ist eure Vision für die Menschheit in der fünften Dimension?

Sie sagen: Wir sehen eine Welt, in der alle miteinander verbunden sind und telepathisch kommunizieren können. Die Menschen werden in Frieden und Harmonie mit der Natur leben. Sie werden in der Lage sein, alles zu erschaffen, was sie wollen.

Werden unsere Körper durchsichtig sein?

Sie sagen: Ja, eure Körper werden in der fünften Dimension transparent sein.

Werden wir mehr Sinne zur Verfügung haben?

Sie sagen: Ja, ihr werdet mehr Sinne zur Verfügung haben. Ihr werdet in der Lage sein, über die physische Welt hinaus zu sehen und die Energie, die euch umgibt, anders wahrzunehmen als bisher.

Was ist mit Emotionen?

Sie sagen: Auch Emotionen werden in der fünften Dimension anders sein. Sie werden intensiver und reiner sein. Aber ihr Menschen werdet in der Lage sein, sie besser zu kontrollieren.

Was könnt ihr uns noch über das Leben in der fünften Dimension erzählen?

Sie sagen: In der fünften Dimension gibt es nur Liebe. Deshalb wird sich jeder glücklich und erfüllt fühlen. Und es wird keine Negativität oder Angst geben.

Was für Fähigkeiten werden wir in der fünften Dimension haben?

Sie sagen: In der fünften Dimension werdet ihr viele Fähigkeiten haben, die ihr euch noch nicht einmal vorstellen könnt. Ihr werdet in der Lage sein, Dinge wie Teleportation und Zeitreisen zu machen. Ihr werdet auch ein höheres Maß an Intelligenz haben.

Werden wir unseren Geist zu einhundert Prozent nutzen können?

Sie sagen: Ja, ihr werdet in der fünften Dimension in der Lage sein, euren Geist zu einhundert Prozent zu nutzen. Ihr werdet auch in der Lage sein, euer höheres Selbst anzuzapfen und euch mit dem Göttlichen zu verbinden.

Was könnt ihr uns noch über die fünfte Dimension erzählen?

Sie sagen: In der fünften Dimension gibt es keine Zeit und keinen Raum. Ihr Menschen könnt dort überall sofort hinreisen. Ihr werdet auch Zugang zu allem Wissen haben. Und ihr werdet in der Lage sein, euch mit anderen Wesen im Universum zu verbinden.

Gibt es noch etwas, was ihr uns über die fünfte Dimension sagen wollt?

Sie sagen: In der fünften Dimension gibt es keine Grenzen. Es ist ein Ort der unendlichen Möglichkeiten. Ihr werdet in der Lage sein, eure eigene Realität zu erschaffen und in Frieden und Harmonie zu leben. Auch werdet ihr alles tun können, was ihr wollt. Ihr werdet eine tiefe Verbindung mit allen Lebensformen haben. Und ihr werdet sehr intensiv mit der Quelle von allem, was ist, verbunden sein.

Aquajanaa über die fünfte Dimension

Geliebte Menschheitsfamilie, ich darf euch mit dem Segen des Lichts begrüßen und liebevoll einhüllen. Es spricht Aquajanaa, eine der Sieben Kosmischen Schwestern, und wie ihr schon wisst, komme ich von den Plejaden. Ich komme im Namen der Großen Zentralsonne und des Rates des Lichts, um euch zu helfen, euch daran zu erinnern, wer ihr seid, woher ihr kommt und warum ihr hier seid. Ihr werdet alle von Herzen geliebt und sehr von euren Geschwistern vermisst. Wir sehen euer Potenzial und wissen, dass jede und jeder Einzelne von euch ein unermesslich mächtiges Lichtwesen ist. Ihr seid zu dieser Zeit auf diesen Planeten gekommen, um den Aufstiegsprozess zu unterstützen.

Wisset, dass ihr wichtige Mitglieder des Großen und Ganzen seid und wir euch gerne unsere Unterstützung geben. Die Erde durchläuft eine umfassende Transformation und es ist wichtig, dass so viele Menschen wie möglich zu ihrer wahren Natur erwachen und beim planetaren Erwachen mithelfen. Es gibt viele Möglichkeiten, wie du dabei helfen kannst, aber das Wichtigste ist, dass du dich daran erinnerst, wer du bist und warum du auf die Erde gekommen bist. Du bist auf der Erde, um ihr und all ihren Bewohnern zu helfen, sich an ihre wahre Natur als unendliche Wesen des Lichts zu erinnern.

Du bist auf die Erde gekommen, um den Prozess des planetaren Aufstiegs zu unterstützen, aber das kannst du nicht allein leisten. Du brauchst die Hilfe deiner Mitmenschen, Gleichgesinnter, die aus der großen Menschheitsfamilie kommen. Je mehr Menschen zu ihrer wahren Natur erwachen, desto schneller wird der Prozess des planetaren Aufstiegs verlaufen. Glaube also bitte nicht, dass du machtlos bist oder dass du nichts bewirken kannst. Du bist unermesslich mächtig und kannst in dieser Welt viel bewirken, wenn du dich daran erinnerst, wer du bist und warum du auf die Erde gekommen bist.

Ihr werdet große Wandlungsprozesse durchlaufen und es wird nicht immer einfach sein. Das Dunkle tarnt sich gerne, um die Menschen von ihrem Weg abzubringen, und verspricht Dinge, die nicht eingehalten werden können. Aber lass dich nicht täuschen, das Licht ist viel stärker und wird sich schließlich durchsetzen. Du bist hier, um dazu beizutragen, dass das geschieht. Alles, was dir Angst einjagt oder Unwohlsein bei dir hervorruft, ist ein Zeichen, dass etwas nicht stimmt. Prüfe in deinem Herzen, ob die Dinge, die du siehst oder die man von dir verlangt, von Liebe getragen sind. Daran wirst du erkennen, ob du vom Licht umgeben bist oder ob die Dunkelheit dich zu umgarnen versucht.

Du bist nie allein, wir sind immer bei dir. Wann immer du Hilfe oder Führung brauchst, frage einfach, und wir werden für dich da sein. Wir lieben dich von ganzem Herzen und sind stolz auf die Fortschritte, die du und die Menschheit bisher gemacht haben. Mach weiter so und wisse, dass das gesamte Universum euch bei diesem großen Vorhaben unterstützt. Wir danken dir jetzt schon für deinen Dienst an der Menschheit und der Erde.

Später, wenn ihr es geschafft habt und die fünfte Dimension für euch erreichbar sein wird, beginnt das neue Zeitalter der neuen Erde. Dieser letzte Übergang wird sich, wenn die Zeit reif ist, sehr schnell vollziehen. Es wird gewiss eine Zeit der großen Freude und des Feierns für dich sein, denn dann hast du es geschafft! Du wirst dich daran erinnern, wer du bist und woher du kommst. Du wirst mit deinen Liebsten, die vor dir gegangen sind und sich jetzt schon in der fünften Dimension befinden, wieder vereint sein.

Da die göttliche Quelle die freie Meinung eines jeden Menschen respektiert, kannst du auf der Erde bleiben oder sie verlassen, je nachdem, was dein Herz dir sagt. Es gibt kein richtig oder falsch, es gibt nur Liebe.

Und letztlich werden alle Menschen sich in der fünften Dimension wiedertreffen. Sei versichert, dass es für dich und jeden Einzelnen perfekt sein wird, egal wie du dich entscheidest und ob du früher oder später mitgehst.

Die fünfte Dimension besteht aus einer energetischen Ebene der Liebe. Alles beruht auf Liebe, alles ist miteinander verbunden und es gibt keine Trennung. Du wirst dich dort zu Hause fühlen und ein tiefes Gefühl der Zugehörigkeit verspüren. Du wirst dich daran erinnern, wer du bist und warum du dorthin gekommen bist. Du wirst in der Lage sein, alles zu erschaffen, was du willst, denn du bist mit der Quelle der gesamten Schöpfung verbunden. In der fünften Dimension gibt es keine Zeit und keinen Raum, wie ihr sie hier auf der Erde kennt. Du kannst sofort überall hinreisen, weil du nicht mehr durch die physikalischen Gesetze dieser Welt eingeschränkt bist.

Du wirst Zugang zu allem Wissen haben, weil du mit den Akasha-Aufzeichnungen verbunden sein wirst. Die Akasha-Chroniken enthalten alle Informationen über jede Seele, die jemals existiert hat. Sie enthalten auch Informationen über jedes Ereignis, das jemals in diesem Universum stattgefunden hat.

Du lebst in einer aufregenden Zeit, und du wirst sehen, dass sich die vielen Mühen und Lasten, die du auf dich genommen hast, letztlich um ein Vielfaches lohnen werden. Sei dir bewusst, dass du gerade an der Schwelle zu großen Veränderungen stehst und dass du mit deinen Gedanken diese Veränderungen steuern kannst. Wähle Liebe statt Angst und wisse, dass du nie allein bist.

Wir sind immer bei dir, wir feuern dich an und unterstützen dich in jeder Hinsicht. Wir danken dir für deinen Dienst an der Menschheit und der Erde. Wir lieben dich bedingungslos!

Du selbst bist Liebe und hast dies leider fast gänzlich vergessen, jedoch wurden in deiner Seele alle Erinnerungen an dein wahres Licht eingebettet. Diese wundervollen Erinnerungen warten darauf, von dir wiederentdeckt zu werden. Dafür wird die Zeit kommen, das ist sicher. Alles ist miteinander verbunden und es gibt keine Trennung. Du bist so wundervoll und alles ist perfekt, so wie es ist. Du bist ein unendliches Wesen aus Liebe und Licht!

Manche von euch erinnern sich schon ein wenig an ihre wahre Lichtgestalt und an ihre Aufgaben und Fähigkeiten. Es sind diejenigen, die sich durch die Botschaften so tief mit uns verbinden und denen wir Bilder aus der Wirklichkeit senden, in denen sie sich wiedererkennen. Es sind diejenigen, welche eine tiefe innere Sehnsucht nach etwas verspüren, die sie nicht genau benennen können. Sie haben das tiefe Gefühl, dass es mehr im Leben gibt als das, was sie jeden Tag um sich herum sehen. Sie wissen, dass sie für ein größeres Ziel auf die Erde gekommen sind. Und sie haben Recht! Ihr seid alle auf die Erde gekommen, um eure speziellen Aufgaben zu erfüllen und um bei der großen Transformation der Menschheit und der gesamten Erde zu helfen.

Ihr seid alle besondere und einzigartige Lichter, ein jedes mit eigenen einzigartigen Talenten und Fähigkeiten. Keiner ist besser oder schlechter als ein anderer, und auch wir sind alle gleich. Wir sind alle ein verbundenes Bewusstsein, wir sind alle Teil desselben Ganzen. Was einen von uns betrifft, betrifft uns alle.

Aus diesem Grund wissen wir, dass ihr den Übergang schaffen werdet, denn es ist bereits geschehen, es steht bereits so in den

Büchern. Aber was nicht in den Büchern steht, ist, wie du es machen wirst, denn dieser Teil liegt an dir. Du hast einen freien Willen und kannst wählen, wie du dein Leben leben willst. Du kannst dich für Liebe oder Angst entscheiden, das liegt ganz bei dir. Du kannst es in Liebe oder in Angst machen.

Wir wissen, dass viele von euch bereits an ihren Aufgaben arbeiten und dabei helfen, die Menschheit auf die große Transformation vorzubereiten, um sie durch die Zeit des Umbruchs zu führen. Wir sind sehr stolz auf euch und wir danken euch für euren Dienst! Macht weiter so, denn gemeinsam können wir die Welt verändern!

Wir überbringen dir den Segen des Lichts und legen ihn wie einen schützenden Mantel um deine Schultern. Aquajanaa, die Plejaderin, hat zu dir gesprochen, im Auftrag der Galaktischen Föderation des Lichts. Der Segen sei mit dir.

Die Plejader sagen, sie sind stets bemüht, mit ihren Botschaften so viele Menschen wie möglich zu erreichen. Sie sagen, dies ist eine große Herausforderung für uns, denn viele von uns sind noch nicht so weit, sie ernst zu nehmen. Aber sie versuchen es weiter, denn sie wissen, dass ihre Botschaften uns helfen können, eine bessere Zukunft für uns selbst und für die Menschheit als Ganzes zu erschaffen.

Welche Bedeutung die Botschaften der Plejader haben

Die Plejader sagen, dass einige der Menschen, die noch nicht so weit sind wie ihr, die ihr dieses Buch lest, mit ihren Botschaften nichts anfangen können. Diese Menschen lesen die Worte, verstehen sie aber nicht. Diese Menschen glauben, dass es Plejader nicht gibt. Sie sind noch weit davon entfernt, den Weg ins höhere Bewusstsein zu gehen. Sie sind immer noch in der materiellen Welt und ihren Illusionen gefangen.

Die Plejader sagen, sie wissen, dass auch diese Menschen eines Tages bereit sein werden, ihre Botschaften zu empfangen und daraus zu lernen. Deshalb geben sie nicht auf, sondern senden sie weiter in die Welt hinaus. Sie sagen, sie freuen sich über jedes Medium, das erwacht und bereit ist, mit ihnen zusammenzuarbeiten. Sie legen großen Wert auf die Reinheit der Medien, denn je reiner ein Medium ist, desto tiefer fließt die Energie in den Lichtkörper hinein und berührt und öffnet die Menschen in ihrem Herz.

Die Plejader sagen, die Bedeutung ihrer Botschaften ist oft dieselbe, denn sie wollen den Menschen helfen, sich daran zu erinnern, wer sie wirklich sind. »Ihr seid nicht euer materieller Körper, sondern unsterbliche Wesen des Lichts. Ihr seid aus einem bestimmten Grund auf die Erde gekommen und habt eine Mission zu erfüllen.« Sie sagen: »Wir sind hier, um den Menschen beim Übergang in die fünfte Dimension zu helfen, sie an ihre Versprechen zu erinnern und bei der Erfüllung ihrer Aufgaben zu unterstützen.«

Die Plejader wissen, dass es viele Menschen gibt, die bereit sind, ihre Botschaft zu hören. Sie sagen, das sind diejenigen, die nach Antworten auf die großen Fragen des Lebens suchen. »Wer bin ich? Warum bin ich hier? Was ist mein Ziel?« Dabei wiederholen sie ihre Botschaften ganz bewusst mit fast den gleichen Worten, aber sie hinterlegen sie mit aktuellen Energien. So erreichen sie immer die Menschen, die bereit sind, ihre Botschaften zu empfangen, und bringen sie gleichzeitig auf das aktuelle Energieniveau.

Die Plejader sagen, ihre Botschaften helfen den Menschen, ihre Gedankenkraft zu reinigen. Sie helfen, die Lage auf der

Erde zu verstehen und den Weg des Lichts zu gehen. Sie helfen auch, sich mit dem höheren Selbst zu verbinden und sich an den Moment der Wahrheit zu erinnern. Der Moment der Wahrheit ist jener kurze Augenblick, bevor der Schleier des Vergessens über das Bewusstsein ausgebreitet wird. Es ist der Moment, in dem die Seele ihre Aufgabe bekommt und verspricht, diese zu erfüllen. Sobald die Menschen den Moment der Wahrheit erkennen, sind sie erwacht und wissen, wer sie sind. Sobald der Schleier des Vergessens sich um das Bewusstsein legt, haben die Menschen alles vergessen. Lieber Mensch, der du dies liest, du weißt genau, was damit gemeint ist.

Die Plejader wissen, dass ihre Botschaften dazu beitragen, die Welt zu verändern. Aber sie wissen auch, dass es nicht ausreicht, nur Botschaften zu versenden. Sie brauchen deine Unterstützung. Sie sagen, sie brauchen dich, um ihre Botschaften mit so vielen Menschen wie möglich zu teilen. Denn sie wissen, dass wir nur dann eine kritische Masse erreichen können, die die Kraft hat, eine echte Veränderung auf der Erde zu bewirken.

Die Plejader wissen, dass viele Menschen gerade Probleme haben. Die Herausforderungen des Lebens auf der Erde können überwältigend sein, und es ist leicht, seine wahre Natur zu vergessen, wenn man im Alltagstrott gefangen ist. Doch sie bitten uns dringend durchzuhalten. Sie sagen: »Erinnere dich daran, wer du bist und warum du hier bist. Du bist ein mächtiges Wesen des Lichts und hast die Fähigkeit, die Welt zu verändern.«

Die Plejader sagen, damit unsere Botschaften ihre größtmögliche Wirkung entfalten, müssen wir so viele Menschen wie nur irgend machbar erreichen. Das ist oft eine Herausforderung, aber es gibt Möglichkeiten, die Reichweite unserer Botschaften zu erhöhen. Die Konstellation der Plejaden spielt dabei eine große Rolle. Die sieben Hauptsterne der Plejaden sind durch ein plejadisches Gitternetz miteinander verbunden. Dies ist eine mächtige Energiequelle, die die Töne der Botschaften umhüllt und zu den Medien bringt. Das plejadische Gitternetz unterscheidet sich insofern vom großen magnetischen Gitternetz des Universums, als es eine bestimmte spirituelle Erinnerungs-Energie trägt. Diese Erinnerungs-Energie entwickelt, sobald sie zu einem Menschen gelangt, ein energetisches Muster, die sein persönliches Erwachen unterstützt.

Deshalb, so sagen die Plejader, ist es wichtig, dass so viele Menschen wie möglich mit dem plejadischen Netz verbunden werden. Das kann auf verschiedene Arten geschehen. Man kann sich durch Meditation mit der Energie der Sterne verbinden, man kann auch unmittelbar Botschaften von ihnen zu empfangen. Der beste Weg, so sagen sie, ist eine Kombination aus beidem. In diesem Buch wurden alle Worte mit dieser Energie aufgeladen und gelangen in dein Bewusstsein, wenn du, lieber Lichtmensch, es erlaubst.

Die Plejader sagen, dass viele Wesen des Universums uns beim großen Übergang unterstützen und wir die Hoffnung niemals aufgeben sollen. Sie sagen, dass wir am Rande eines großen Erwachens stehen und sich bald immer mehr Menschen daran erinnern, wer sie wirklich sind. Sie fordern uns auf, stark zu bleiben und ihre Botschaften weiter in die Welt hinauszuschicken. Sie sagen, dass wir nur gemeinsam die kritische Masse erreichen können, die notwendig ist, um einen echten Wandel auf der Erde herbeizuführen. Sie sagen: »Ihr seid diejenigen, auf die ihr gewartet habt.« Und sie sagen: »Es ist an der Zeit, dass ihr in eure Kraft kommt und die Welt erschafft, von der ihr wisst, dass sie möglich ist.«

Die Kraft unserer Gedanken ist immens. Das, woran wir denken, manifestiert sich in unserem Leben. Gerade aktuell geschieht dies viel schneller als in der Vergangenheit. Deshalb ist es so wichtig, unsere Gedanken zu läutern und uns auf positive, lebensbejahende Botschaften zu konzentrieren. Die Plejader sagen, je mehr Menschen dies tun, desto schneller werden wir die kritische Masse der Veränderung erreichen und einen echten Wandel auf der Erde bewirken. Sie fordern uns auf, ihre Botschaften zu verbreiten.

Die Plejader sind eine mächtige Quelle der Unterstützung und Inspiration. Sie fordern uns auf, die Hoffnung niemals aufzugeben. Sie sagen, dass wir die Macht haben, die neue Erde zu erschaffen. So lasst uns denn unsere Macht nutzen und es wird geschehen.

Zur Unterstützung hat Aquajanaa uns eine Botschaft überbracht. Lies nun ihre Worte über den Großen Wandel, der uns in die fünfte Dimension führen wird …

Erschaffe die neue Welt der fünften Dimension

Geliebte Menschen der Erde und liebe Menschheitsfamilie, mit dem Segen des Lichts begrüße ich jeden Einzelnen von euch. Ich bin Aquajanaa, eine der Sieben Kosmischen Schwestern von den Plejaden. Mit dem Licht der Liebe wende ich mich jetzt an dich. Wir alle wissen, dass es in diesen Zeiten des großen Wandels wichtiger denn je ist, in seine Kraft zu kommen und auf seine Bestimmung zu vertrauen. Wisse: Du bist nicht nur ein physischer Körper, du bist eine unsterbliche Seele, die eine menschliche Erfahrung macht.

Du bist aus einem bestimmten Grund hier auf der Erde. Du hast dich entschieden, hier zu sein in dieser Zeit, um bei dem großen Wandel, der stattfindet, lichtvolle Unterstützung zu leisten. Die alten Paradigmen zerbröckeln und das Neue wird geboren. Es ist eine Zeit des Chaos und der Verwirrung, aber auch eine Zeit der großen Chancen. Du hast die Macht, die Zukunft zu erschaffen. Richte also deine Gedanken auf das, was du dir für die Welt wünschst – richte sie auf Liebe, Frieden, Harmonie und Gleichgewicht.

Wir Plejader sind hier, um dir in diesen Zeiten des Wandels beizustehen. Wir sind deine kosmische Familie und lieben dich bedingungslos. Denke daran: Du bist nie allein.

Wir sind immer bei dir, unterstützen dich und führen dich auf deinem Weg. Vertraue also auf dich selbst und vertraue auf den Prozess. Die Kraft deiner Gedanken und deine innere Ausrichtung ermöglichen den großen Wandel zum Guten.

Unsere Botschaft soll dich auffordern, dass du erkennst: Nimm deine Macht an und erschaffe die neue Welt, von der du weißt, dass sie möglich ist! Wir sind bei jedem Schritt auf diesem Weg bei dir!

Vertraue auf dich selbst und vertraue auf den Prozess.

Damit uns dies leichter fällt, bietet Aquajanaa uns jetzt eine energetische Reinigung und damit verbunden eine Stärkung unserer Gedankenkraft an …

Reinige und stärke deine Gedankenkraft

Mache es dir bequem und nimm einen tiefen Atemzug des Lichts der Plejaden. Nimm die magnetischen Strahlen des Gitternetzes wahr, die sich in diesem Moment aktivieren. Sie berühren dich und öffnen dein Herz für die unendliche Liebe, die wir dir überbringen. Atme dies alles ein und spüre die Liebe, Unterstützung und Führung deiner kosmischen Familie. Spüre, dass wir in diesem Moment bei dir sind.

Wenn du ausatmest, lass alles los, was dir nicht mehr dient. Alles, was nicht aus Liebe ist, darf nun gehen.

Lass es gehen. Und so sei es.

Spüre jetzt, wie das Licht der Plejaden dein ganzes Wesen erfüllt, wie es dich stärkt und unterstützt. Es verleiht dir neuen Mut und Vertrauen. Spüre jetzt, wie deine Gedankenkraft gereinigt und gestärkt wird. Das Licht des Gitternetzes umgibt dich und schützt dich. Es bildet sich ein Kraftfeld der Liebe, das sich niemals durchtrennen lässt.

Du bist nun sicher und du wirst geliebt.

Atme noch einmal tief ein und aus und spüre, wie die Liebe der Plejaden dein ganzes Wesen erfüllt.

Jetzt ist der Moment, in dem du dir ein wenig Zeit nehmen solltest, um einen Gedanken für die neue Zeit zu kreieren. Erschaffe einen oder mehrere Gedanken, die alles enthalten, was für dich wichtig ist.

Lass diese Gedanken in dir aufsteigen und spüre, wie sie mit jedem Atemzug stärker werden.

Nun sende diese Gedanken in die Welt hinaus, ins Universum und zu den sieben Sternen der Plejaden.

Dort werden sie millionenfach verstärkt und weitergeschickt. Sie werden weitergeschickt – hinein ins Universum, ins Zentrum der Liebe.

Vielleicht kannst du die enorme Energie der Liebe spüren und die Bilder empfangen, die deine Gedanken erzeugen.

Sieh, wie deine Botschaft durch das Licht in alle Ecken des Universums fließt, sich mit ähnlichen Wünschen anderer Menschen zu einem großen Energiestrahl bündelt und die Zeitlinie der neuen Erde stärkt.

Du hast jetzt einen wichtigen Schritt getan, um die neue Welt zu erschaffen. Jeder Gedanke zählt!

Sende also weiterhin deine Liebe in die Welt hinaus. Je mehr Menschen das tun, desto stärker wird die Energie und desto schneller können wir eine Neue Erde erschaffen.

Wir sind alle durch unsere Gedanken und Gefühle miteinander verbunden, also lasst uns diese Macht nutzen, um eine Welt zu schaffen.

Ich, Aquajanaa, bin sehr stolz auf dich, du hast einen wichtigen Schritt gemacht. Es ist eine große Ehre für mich, dich auf deinem Weg unterstützen zu dürfen.

So sende ich dir den Segen des Lichts der Plejaden, deine Kosmische Schwester Aquajanaa.

14

Was die Plejader über Paralleluniversen sagen

Als Menschen versuchen wir ständig, unseren Platz im Universum zu verstehen. Wir wollen wissen, was es da draußen gibt und was jenseits unseres Planeten existiert. In den letzten Jahren konnten Wissenschaftler einige Antworten zu Paralleluniversen und Schwarzen Löchern geben. Aber letztlich bleiben sehr viele Fragen offen, die von uns Menschen nicht ausreichend beantwortet werden können und meist durch Vermutungen getragen werden – gerade in Bezug auf Paralleluniversen, die neben unserem eigenen existieren.

Auch die Plejader sagen, dass es eine unendliche Anzahl von ihnen gibt. Diese Aussage hat mich tief in meiner Seele berührt und ich wollte sofort mehr darüber wissen. Wenn man sich vorstellt, dass in jedem Universum ein Abbild von uns existieren soll, ist dies schon sehr faszinierend. Und wenn man sich dann vorstellt, dass wir in einigen dieser Universen unterschiedliche Lebenswege eingeschlagen haben, ist das sogar noch unglaublicher.

Die Plejader sagen, dass jedes der unendlich vielen Paralleluniversen sich ein wenig von allen anderen unterscheidet. Das bedeutet, in einigen Universen bist du vielleicht ein erfolgreicher Schriftsteller, während du in anderen noch nach deiner Lebensaufgabe suchst. In einigen Universen bist du vielleicht mit deinem Seelenverwandten verheiratet, in anderen führst du ein Leben als Single. Die Möglichkeiten sind tatsächlich grenzenlos, denn unendlich viele Universen bedeutet, dass es unendlich viele Versionen von dir da draußen gibt!

Wenn du also das nächste Mal das Gefühl hast, einen Fehler gemacht zu haben, denke daran, dass du in einem anderen Universum die richtige Entscheidung getroffen hast. Und in manchen Universen lebst du vielleicht sogar schon dein Traumleben.

Die Plejader sagen, der Grund, warum du dich nicht an deine Erfahrungen in diesen anderen Universen erinnerst, ist der, dass sie außerhalb deines aktuellen Bezugssystems liegen. Das heißt aber nicht, dass sie nicht real sind. So wie du Radiowellen nicht mit deinen Augen wahrnehmen kannst, kannst du Paralleluniversen auch nicht mit deinen physischen Augen wahrnehmen. Was jedoch nicht heißt, dass sie nicht existieren!

Und doch gibt es trotz der fehlenden Wahrnehmung Situationen, in denen wir wie aus dem Nichts Informationen aus einem Paralleluniversum erhalten.

Nehmen wir als Beispiel eine Déjà-vu-Situation, in der du etwas erlebst, das dir so bekannt vorkommt, dass du meinst, du hättest es schon einmal erlebt, oder in der du an einen Ort gelangst, von dem du meinst, schon einmal dort gewesen zu sein, obwohl das ganz unmöglich ist.

Ein solches Déjà-vu ist wie ein kurzer Einblick in eine andere Realität, die wir nicht bewusst wahrnehmen.

Mir geht es oft so, dass, wenn ich die Menschen in meinen Seminaren sehe, ich das Gefühl habe, die meisten bereits zu kennen, obwohl wir uns noch nie zuvor begegnet sind. All das sind Informationen aus Paralleluniversen.

Wissenschaftlerinnen und Wissenschaftler aus vielen Fachrichtungen konnten die Existenz von Paralleluniversen bisher zwar noch nicht offiziell bestätigen, aber sie haben Beweise gefunden, die darauf hindeuten, dass sie sehr wohl exististieren. Zum Beispiel haben einige Wissenschaftler seltsame Verhaltensweisen bei Teilchen beobachtet, die vermuten lassen, dass sie von anderen Teilchen in anderen Universen beeinflusst werden. Einige Wissenschaftler glauben, dass sogenannte Schwarze Löcher Tore zu anderen Universen sein könnten.

Schwarze Löcher sind unglaublich dichte Bereiche des Weltraums, in denen die Anziehungskraft so stark ist, dass nicht einmal Licht entkommen kann. Wenn du in ein Schwarzes Loch fielest, würdest du auseinandergezogen und gedehnt werden, bis du zu einem dünnen Materiestrom wirst. Ich finde, wenn es Paralleluniversen gibt, dann ist es nur logisch, dass es auch Schwarze Löcher gibt.

Schließlich ist ein Schwarzes Loch sozusagen ein himmlisches Tor zu einem anderen Universum.

Wenn du also das nächste Mal in den Nachthimmel schaust, denke daran, dass es da draußen unendlich viele Paralleluniversen gibt, die nur darauf warten, entdeckt zu werden!

Um über dieses Thema mehr Klarheit zu erlangen, bat ich Atre-i-eus, Kommandant der Friedensflotte und Mitglied des Galaktischen Rates der Föderation, um eine Botschaft. Er machte mir folgende Mitteilungen über die Bedeutung unserer Paralleluniversen für jeden von uns …

Sie dienen der Entwicklung deiner Wesensseele

Sei mir gegrüßt, Bürgerin der Erde. Mit dem Segen des Lichts der Plejaden begrüße ich dich voller Liebe und Achtsamkeit. Ich versichere dir, es ist mir eine große Freude, deine Frage nach den Parallelwelten zu beantworten.

Wisse, dass es eine unendliche Anzahl von Paralleluniversen gibt und du mit all diesen Universen verbunden bist. Du kannst in jedem dieser Universen Erfahrungen machen, auf die du es in deinem jetzigen Leben niemals ankommen lassen würdest. Du bist gerade auf der Erde inkarniert und die Erde ist ein Schulungsplanet. Aus diesem Grunde hast du vergessen, wer du tatsächlich bist und woher du kommst.

Aber auf der Seelenebene bist du mit allen Paralleluniversen und deinen Seinsformen verbunden.

Deine Seele weiß ganz genau, wer du bist, und kennt ihr wahres Ausmaß und ihren Aufbau. Alle Teile deiner Seele sind über Parallelseelen aus allen Paralleluniversen miteinander verbunden. Zusammen ergeben sie deine große Wesensseele. Jede Seele in einem Universum kann dabei für sich selbst bestehen und hat spezielle Aufgaben zu erfüllen. Es kann sein, dass sie im einen Universum männlich ist und im anderen Universum weiblich. Im einen Universum begleitet die Seele den Menschen beim Erwachen und im anderen liegt der Mensch noch in tiefem Schlaf – und in wieder einem anderen ist er schon vollkommen erwacht. Die Erfahrungen in den verschiedenen Universen sind sehr unterschiedlich und sie alle tragen zur Entwicklung der großen Wesensseele bei.

In den Paralleluniversen gibt es weder Zeit noch Raum, wie du sie von der Erde kennst. Du kannst dort an mehreren Orten gleichzeitig sein und verschiedene Dinge gleichzeitig erleben. Du kannst auch durch die Zeit hin und her reisen und ganz selbstverständlich andere Planeten oder Galaxien besuchen. In einigen dieser Universen bist du ein Mensch, in anderen ein Tier oder sogar eine Pflanze.

Die Möglichkeiten sind endlos!

Sehr oft erkundet deine Seele nachts, wenn du schläfst, andere Universen. Sie verlässt, wenn du schlafen gehst, deinen Körper und reist in andere Dimensionen.

Dort sieht sie, was du gerade erlebst, und bringt dir immer wieder Botschaften in deinen Träumen.

Einige extraterrestrische Wesen besitzen die Fähigkeit, mit ihren Lichtkörpern zwischen den Paralleluniversen hin und her zu reisen. Sie verschmelzen mit der Energie des Schwarzen Lochs und werden am anderen Ende in das Paralleluniversum gezogen. Es heißt, dass in der Zukunft alle Menschen dazu fähig sein werden. Aber dafür wird es notwendig sein, dass die gesamte Menschheit eine höhere Evolutionsstufe erreicht hat. Die Andromedaner haben bereits spezielle Lichtstationen entwickelt, in denen sie Menschen schulen wollen, mit ihrem Lichtkörper in Paralleluniversen zu reisen.

Soweit die Botschaft von Atre-i-eus. Damit du jetzt schon energetisch die Möglichkeit hast, Einblicke in ein anderes Universum zu bekommen, folgt eine Übung des Kommandanten der Friedensflotte, die dir dabei helfen wird, mithilfe deiner Seele in ein anderes Universum zu reisen, denn es ist wichtig, deine eigenen Erfahrungen zu machen …

Energetische Reise in ein Paralleluniversum

Atme tief und konzentriere dich ganz auf dich selbst. Versuche, deine eigene Energie zu spüren. Konzentriere dich dann auf das Gefühl der Liebe und versuche, so viel Liebe wie möglich für dich zu empfinden. Spüre, wie dir warm wird und deine Seele sich ausdehnt. Verweile ein wenig in dieser Energie.

Stelle dir nun vor, dass dieses Gefühl der Liebe so stark ist, dass es eine Tür öffnet, die plötzlich vor dir erscheint. Du weißt genau, dass die geheimnisvolle Tür dich in ein anderes Universum führt. Nimm einen tiefen Atemzug des Mutes, geh einen Schritt durch diese Tür und schau dich um. Was siehst du? Wie fühlst du dich dabei?

Nimm dir etwas Zeit, um dieses neue Universum zu erkunden, und lass die Energien auf dich wirken. Alles, was du jetzt erlebst, entspricht deiner eigenen Wahrheit. Du fühlst die Zustimmung deiner Seele und große Freude breitet sich in deinem Herzen aus.

Verweile ein wenig in diesem Universum. Versuche dir alles zu merken, was du wahrnimmst. Manchen Menschen ist es gestattet, wichtige Informationen zu bekommen, die sie bei ihrer Rückkehr in ihr aktuelles Universum als neue Technologie vorstellen. Ihr nennt solche Menschen Visionäre oder Wunderheiler, aber mache nun deine eigene Erfahrung und bitte deine Seele, dich zu der Situation in deinem Paralleluniversum zu führen, in der du schon einmal Visionär, Wissenschaftler oder Heiler warst.

Lass die Bilder und Informationen jetzt in deiner Seele entstehen und versuche dir alles gut zu merken. Nimm dir so viel Zeit, wie du brauchst, und genieße den Augenblick. Dann kehre in einer Geschwindigkeit, die dir gut tut, wieder in dein Hier und Jetzt zurück. Atme tief, bewege deine Hände und Füße und sei wieder ganz da.

Es ist vollbracht, du hast einen Besuch in einem Paralleluniversum gemacht, und ich bin sehr stolz auf dich. Ich sende dir den Segen des Lichts der Plejaden und verabschiede mich von dir. Kommandant Atre-i-eus, dein Begleiter von den Plejaden.

Nimm dir nun ein wenig Zeit und schreibe deine Erinnerung auf. Was hast du erlebt? Wie hat es sich angefühlt, in einem Paralleluniversum zu sein? Hast du nach dieser Übung Veränderungen an dir festgestellt?

Seit dieser Anweisung reise ich regelmäßig in Begleitung von Atre-i-eus in andere Parallelwelten. Ich hole wichtige Erfahrungen und Wissen in meine aktuelle Jetztzeit, um sie dann an die Menschen weiterzugeben. Vieles, was ich in meinen Webinaren lehre, stammt von diesen Besuchen. Dadurch fühle ich mich mit all den Wesen und meiner Seelenfamilie aus den Paralleluniversen tief verbunden. Ich weiß, dass wir alle eins sind und dass wir zu einem Großen und Ganzen gehören.

Diese Besuche haben mein Bewusstsein enorm ausgedehnt und ich habe begriffen, was Unendlichkeit bedeutet. Unendlichkeit ist kein Konzept, sondern Realität. Während dieser Besuche habe ich auch meine Mission als Lichtarbeiterin bekommen.

Ich bin hier, um den Menschen zu helfen, sich daran zu erinnern, wer sie wirklich sind, und sich mit ihrer wahren Natur zu verbinden. Ich bin hier, um Menschen zu helfen, sich als Lichtarbeiter selbstständig zu machen und so das Licht auf der Erde zu unterstützen.

Was mich an der Struktur der Paralleluniversen so sehr fasziniert, ist, dass dort alles möglich ist. Du findest unzählige Variationen deines Seins und kannst dich mit jeder dieser Variationen verbinden und Informationen durch sie erhalten. Es gibt keine Beschränkungen wie im aktuellen Universum. In den Paralleluniversen kannst du deine Lieblingsrealität ganz nach deinen Wünschen und Sehnsüchten auswählen. Auch wenn du das im Moment noch nicht voll erfassen kannst, solltest du dieses Wissen doch in dein Leben mit einbeziehen. Es hilft dir, lieber Lichtarbeiter, dein Bewusstsein zu erweitern.

Die Plejader sagen, dass unser Bewusstsein so ähnlich wie ein Schwarzes Loch funktioniert. Je mehr wir unser Bewusstsein erweitern, desto mehr Licht kann in uns fließen und desto mehr können wir uns mit unserer wahren Natur verbinden.

Eines der Dinge, die ich an Paralleluniversen am meisten liebe, ist, dass ich dort auch meine Seelenverwandten und meine Seelenfamilie finden kann. Ich weiß natürlich, dass sie sich in verschiedenen Prozessen befinden und andere Aufgaben haben als in diesem Universum. Dennoch ist es sehr interessant und ich konnte dabei viel lernen und Fehler im aktuellen Leben vermeiden, die ich ohne dieses Wissen gemacht hätte.

Im aktuellen Universum ist es zum Beispiel oft schwierig, einen Partner zu finden, mit dem du eine tiefe Seelenverbindung hast. Die Plejader sagen, wenn du ein Paralleluniversum besuchst, hast du die Möglichkeit, deinem Seelenpartner zu begegnen. Du kannst dort mit ihm sprechen und Informationen erhalten, die es dir ermöglichen, im aktuellen Universum leichter deinen Seelenpartner zu finden oder deine Beziehung zu verbessern.

Das klingt im ersten Moment alles sehr abgedreht und auch ich musste diese Informationen erst einmal verarbeiten. Dir wird es nicht viel anders gehen. Deshalb bat ich Kommandant Atre-i-eus um eine Botschaft und Übung, die es jedem Menschen möglich macht, seinen Seelenpartner oder seine Seelenfamilie im Paralleluniversum zu besuchen und dadurch vielleicht seine Beziehung im aktuellen Universum zu heilen.

Er schickte mir die folgende Botschaft …

Dein besonderer Mensch aus dem Paralleluniversum

Geliebte Menschen, mit dem Segen des Lichts von den Plejaden begrüße ich euch und besonders jene, die jetzt diese Zeilen lesen. Du bist ein besonderer Mensch mit einer großen Aufgabe. Es kann sein, dass du dich in deinem jetzigen Universum oft allein und unverstanden fühlst, aber das wird sich bald ändern. Ich werde dir helfen, in Paralleluniversen zu reisen, um dort wichtige Personen zu treffen.

Es ist an der Zeit, dass du dich mit deiner wahren Natur verbindest und dein Bewusstsein erweiterst. Bevor wir die Reise in ein Paralleluniversum beginnen, überlege dir, wen du dort treffen möchtest. Ist es vielleicht ein Seelenpartner oder jemand aus deiner Wesensseelen-Familie? Es ist auch möglich, bekannte Menschen aus deinem Universum dort zu treffen, wie zum Beispiel Nikola Tesla oder Albert Einstein.

Leichter wird es dir fallen, wenn du die Menschen in deinem aktuellen Leben bereits kennst, die du dort treffen möchtest.

Zum Beispiel könntest du dir einen Musiker oder Politiker aussuchen, der dich immer sehr beeindruckt hast und von dem etwas lernen möchtest. Du wirst staunen, wie anregend und aufklärend es ist, solche Personen in anderen Universen zu erleben, denn sie sind oft ganz anders, als man erwartet.

Auch eine Übung schickte mir Atre-i-eus. Konzentriere dich dafür auf den Menschen, den du gerne treffen möchtest. Durch deine Absicht erteilst du deiner Seele die Aufgabe, dich zu ihr zu bringen. Beginnen wir mit der zweiten Reise in ein Paralleluniversum …

Verbindung mit dem besonderen Menschen

Atme tief das Licht der Liebe ein und fühle dabei deine eigene Liebe. Fühle, wie sich deine Liebe ausdehnt, wie sie dich trägt und zu leuchten beginnt. Dieses leuchtende Licht verbindet dich nun mit der Person, die du in einem Paralleluniversum treffen möchtest.

Lass all deine Erwartungen los und sei offen für das, was geschieht.

Noch einmal atmest du tief ein und mit dem Ausatmen stellst du dir vor, dass dieses leuchtende Licht dich vollständig umgibt und dann im Kosmos verschwindet. Als es verschwindet, spürst du, wie du immer leichter wirst. Du beginnst sanft zu schweben und deine Engelsflügel breiten sich aus. Sie tragen dich hinauf in das unendliche Sein des Universums, hinein in die Stille der vollkommenen Liebe.

Du fühlst, dass du bereit bist, in ein Paralleluniversum zu reisen. Vielleicht spürst du ein Kribbeln in deinem Körper oder siehst bunte Lichter. Habe keine Angst, das ist völlig normal. Denke an die Person, die du treffen möchtest, und stelle dir vor, dass du bereits mit ihr zusammen bist. Du kannst ihre Stimme hören, ihre Gegenwart und ihre Energie spüren. Verbringe etwas Zeit mit ihr und lerne sie kennen. Höre, was sie sagt, und stelle Fragen, die dir wichtig sind. Nimm dir ein wenig Zeit und konzentriere dich auf alles, was geschieht. Genieße deine Reise und versuche dir alles zu merken, was du erfährst.

Sobald du die Informationen, die dir wichtig sind, aufgenommen hast, bist du bereit für die Rückkehr in dein Universum. Verabschiede dich von der Person, aber nur für den Augenblick, denn du weißt, dass ihr euch wiedersehen werdet, sobald du dies möchtest. Bedanke dich für die Möglichkeit der Begegnung mit ihr und lass dich von deinen Engelsflügen in die Weite des Universums tragen.

Atme dabei tief ein und aus. Stelle dir vor, wie das Licht der Liebe dich wieder umgibt und trägt. Dann spüre, wie du erneut in deinem eigenen Körper bist, in deinem eigenen Universum. Ich, Atre-i-eus von den Plejaden, verabschiede mich voller Liebe mit dem Segen des Lichts von dir.

Ich hoffe, du hast deine Reise in ein Paralleluniversum genossen und konntest den Menschen treffen, den du treffen wolltest. Für mich ist es jedes Mal ergreifend, wenn ich so eine Reise unternehme, denn es gibt immer so viel zu lernen und zu erleben.

Vielleicht fühlst du dich ein wenig müde oder erschöpft nach diesem abenteuerlichen Erlebnis. Das ist normal, denn dein Lichtkörper braucht Zeit, um sich deinem aktuellen Universum anzupassen. Vielleicht kommt es dir vor, als wärst du Wochen weg gewesen, dabei waren es doch nur ein paar Minuten. Das liegt daran, dass es in den Paralleluniversen keine Zeit wie bei uns auf der Erde gibt. Das soll dich nicht weiter stören.

Nimm dir nun etwas Zeit, um alles aufzuschreiben, was du während deiner Reise erlebt hast. Das wird dir helfen, dich besser zu erinnern und die neuen Informationen in dein Leben zu integrieren. Nimm dir so viel Zeit, alles zu verarbeiten, wie du möchtest. Und wenn du bereit für mehr bist, kannst du deine nächste Reise unternehmen.

Es gibt unendlich viele Möglichkeiten, die da draußen auf dich warten.

15

Wie du UFOs beschwören kannst

Die Plejader berichteten mir über ihre Lichtschiffe und die Erfahrungen, die sie beim Umkreisen der Erde gemacht haben. Sie beobachten die Erde seit langer Zeit und wissen ganz genau, was bei uns geschieht. Die meiste Zeit halten sie sich zurück, indem sie sich unsichtbar machen, um uns nicht zu erschrecken. Sie wissen, dass das Auftauchen eines UFOs für viele von uns eine aufregende und für manche eine Angst einflößende Angelegenheit ist. Sie wissen auch, dass viele Menschen sich wünschen, dass unsere Lichtschiffe direkt bei ihnen landen. Diese Zeit wird kommen, sobald sich die Menschen an die Plejader gewöhnt haben, sagen sie. Jetzt beharren noch viele darauf, dass es keine UFOs gibt und dass all dies Unsinn ist. Die Plejader sagen, auch diese Menschen werden, sobald der Kontakt erfolgt ist, den Schritt zur Erkenntnis tun.

Lange Zeit wurden Berichte über außerirdische Lichtschiffe geheim gehalten. Die meisten menschlichen Machthaber möchten das Kollektiv der Menschen energetisch klein halten, um sie leichter kontrollieren zu können. Sie denken, je weniger von den Plejadern wissen, desto besser ist es. Doch diese Zeit neigt sich dem Ende zu, denn die Menschen befinden sich in der Übergangsphase zur neuen Erde. Immer mehr von ihnen spüren die Anwesenheit der Plejader und sind bereit, mit ihnen Kontakt aufzunehmen.

Die Plejader sagen, dass es einige geheime Verfahren gibt, die wir nutzen können, um mit ihnen oder anderen positiven Wesenheiten der Universen Kontakt aufzunehmen. Bisher wurden diese Verfahren nur von wenigen Menschen genutzt. Damit künftig alle Menschen die Möglichkeit haben, sich mit den Plejadern oder anderen Außerirdischen auszutauschen, wird Atre-i-eus euch im Folgenden eine Technik übermitteln, wie ihr Verbindung mit den Lichtschiffen der Plejader aufnehmen könnt.

Damit ihr diese Technik auch perfekt nutzen könnt, sagt Atre-i-eus, solltet ihr zuerst die hier genannten Fähigkeiten trainieren …

Kraft der Visulisierung

Atre-i-eus sagt, dass die Kraft der Visualisierung mit das Wichtigste ist, worin wir uns üben sollten, um mit positiven Wesenheiten in Kontakt treten zu können. Wenn wir uns vorstellen, dass wir welche treffen und mit ihnen sprechen, eröffnen wir ihnen die Möglichkeit, in unser Leben zu kommen. Jeder Mensch besitzt Vorstellungskraft und je mehr wir uns darin üben, desto leichter wird es uns fallen, sie bewusst einzusetzen.

Telepathische Kommunikation

Atre-i-eus sagt, dass telepathische Kommunikation ein weiterer wichtiger Schlüssel ist, den wir einsetzen sollten, um positive Wesenheiten zu kontaktieren. Wir können schon eine Verbindung zu den Plejadern oder anderen Wesen des Universums herstellen, sobald wir auch nur positive Gedanken und Energie in ihre Richtung schicken. Wenn wir unseren Geist und unser Herz für ihre Frequenz öffnen, können wir sogar Botschaften von ihnen empfangen.

Einsatz von Klang- und Lichtcodes

Atre-i-eus sagt, dass Klänge ein sehr mächtiges Werkzeug sind, um positive Wesenheiten zu kontaktieren. Er sagt auch, dass bestimmte Klänge uns helfen können, unsere Kanäle zu öffnen, um uns zum Beispiel mit seiner plejadischen Frequenz zu verbinden. Ebenso können wir Klänge nutzen, um einen Raum zu schaffen, in dem positive Wesenheiten, die uns besuchen wollen, sich willkommen fühlen. Die Klänge der Solfeggio-Frequenzen sind dafür hervorragend geeignet.

Hellsichtigkeit

Hellsichtigkeit ist ein weiteres Werkzeug, um mit den Plejadern oder anderen positiven Wesenheiten in Kontakt zu treten, sagt Atre-i-eus. Wir können lernen, sie mit unserem Dritten Auge zu sehen, das sich in der Mitte unserer Stirn befindet. Die Voraussetzung, um hellsichtig zu sein, ist ein gutes Visualisierungsvermögen. Wir sollten in der Lage sein, zum Beispiel einen Baum, ein Haus oder einen Gegenstand unserer Wahl möglichst deutlich vor uns zu sehen, sobald wir unsere Augen schließen. Falls das nicht gleich zu Beginn klappt, können wir es üben. Jeder Mensch besitzt diese Fähigkeit, aber die meisten von uns haben vergessen, wie man sie benutzt.

Meditation

Meditation ist ebenfalls ein wichtiges Verfahren, um mit positiven Wesenheiten in Kontakt zu kommen. Indem wir meditieren, öffnen wir unseren Geist und erlauben uns, Botschaften von positiven Wesenheiten zu empfangen. In der Meditation erreichen wir den Alpha-Zustand, einen reinen Gemütszustand, bei dem die Wellen in einem Bereich von acht bis dreizehn Hertz schwingen. Das macht uns empfänglicher für die Frequenzen der positiven Wesenheiten. Es gibt viele verschiedene Arten von Meditation, weshalb es wichtig ist, diejenige zu finden, die am besten zu einem passt.

Träumen

Träumen ist ein weiterer Weg, um mit positiven Wesenheiten in Kontakt zu treten. Atre-i-eus sagt, wenn wir träumen, ist unser Bewusstsein offen und empfänglich für ihre Botschaften. Der Geist oder der Verstand schweigen dann, weil wir ganz und gar entspannt sind, was es ihnen leichter macht, mit uns zu kommunizieren. Deshalb sprechen die Wesenheiten so gerne in unseren Träumen zu uns.

Gebet

Auch das Gebet ist ein effektiver Weg, um mit positiven Wesenheiten in Kontakt zu treten. Atre-i-eus sagt, indem wir beten, senden wir eine kraftvolle Botschaft aus, dass wir offen und bereit sind, ihre Hilfe und Führung zu empfangen.

Die Plejader sagen, dass sie sehr aufgeregt über die Möglichkeit sind, mit uns in Kontakt zu treten, und dass sie sich darauf freuen, uns zu begegnen. Sie sagen, dass wir keine Angst vor ihnen zu haben brauchen, denn sie kommen in Frieden und Liebe. Sie wollen uns helfen, eine bessere Zukunft für alle zu erschaffen. Sie sagen, dass wir die Macht haben, unsere Träume zu verwirklichen, und dass sie hier sind, um uns dabei zu helfen. Alles, was wir tun müssen, ist, sie um Hilfe zu bitten und diese Hilfe zuzulassen.

Damit auch alle Menschen, die dies lesen, die Möglichkeit haben, mit den Plejaden und ihren Lichtschiffen Kontakt aufzunehmen, gab Atre-i-eus eine Botschaft an mich durch. Sie lautet wie folgt …

Menschliche Kontaktaufnahme mit nichtmenschlichen Wesen

Liebe Menschen und liebe Menschheitsfamilie, ich bin Atre-i-eus, Kommandant der plejadischen Friedensflotte. Ich überbringe euch das Licht des Segens, um euch damit in tiefer Liebe zu begrüßen. Richtet eure Aufmerksamkeit auf das Licht des Segens und erlaubt euch, diese goldenen Energiewellen so tief wie möglich zu fühlen.

Die plejadische Friedensflotte ist in der Nähe der Erde stationiert, um euren Planeten und die Menschheit in diesen entscheidenden Zeiten zu beobachten und zu unterstützen. Wir sind hier, um euch durch die Energien unserer Schiffe zu helfen, die Tag und Nacht auf die Erde gebeamt werden. Diese Energiefrequenzen sollen euch im großen Aufstiegsprozess unterstützen. Sie helfen euch, euch an eure Aufgaben zu erinnern.

Wir sind eure außerirdischen Brüder und Schwestern, die gekommen sind, um euch zu helfen. Wir waren schon immer bei euch, aber jetzt können wir uns offener zeigen als bisher. Habt keine Angst vor uns, denn wir kommen in Frieden und Liebe.

Wir sind immer um euch herum, wir sind in eurer Atmosphäre und manchmal landen wir auch auf eurer Erde, um noch näher bei euch zu sein und um einige von euch zu kontaktieren. Wir sind dabei sehr vorsichtig und möchten niemand erschrecken. Unsere Erscheinung, unsere Lichtkörper und unsere Lichtschiffe sind sehr ungewöhnlich und erzeugen bei dem einen oder anderen vielleicht noch Angst. Deshalb zeigen wir uns nicht so gerne in Gestalt, sondern geben uns meistens über das Dritte Auge zu erkennen. So können Menschen, die ihre übersinnlichen Fähigkeiten entwickelt haben, uns gut wahrnehmen.

Wir sind schon sehr lange bei euch, aber erst jetzt spüren immer mehr Menschen unsere Anwesenheit und beginnen sich für uns zu öffnen. Das begrüßen wir voller Freude, denn es ist ein Zeichen dafür, dass sich das Bewusstsein auf der Erde erhöht hat und die Menschen bereit sind, sich zu öffnen. Sie erwachen oder befinden sich auf dem Weg ins Erwachen, viel mehr als zuvor. Die aktuellen Umstände auf der Erde, die für euch so schwer zu ertragen sind, haben durchaus zu diesem Großen Erwachen beigetragen.

Ihr befindet euch in einer Übergangszeit, die viel Durchhaltevermögen, Kraft und Vertrauen abverlangt. Wir wissen aber genau, dass ihr es schaffen werdet und dass ihr belohnt werdet, denn das, was danach kommt, ist die beste Zeit, die ihr auf der Erde erleben werdet – eine Zeit der Liebe, des Friedens und der Harmonie im Überfluss.

Wir freuen uns sehr darauf und werden alles tun, was in unserer Macht steht, um euch zu unterstützen und zu helfen. Wir helfen euch schon jetzt, indem wir unsere Energiefrequenzen auf euren Planeten abstrahlen, um euch den Aufstiegsprozess zu erleichtern. Aber es gibt noch mehr, was wir tun können, und das möchte ich euch jetzt gerne mitteilen.

Mit euch in Kontakt zu kommen ist die größte Hilfe, die wir leisten können. Wir würden gerne einen engeren Kontakt mit euch allen herstellen und senden deshalb eine Einladung an alle, die sich bereit fühlen, unsere Energien und Botschaften zu empfangen. Es gibt jedoch einiges zu beachten, wenn ihr euch berufen fühlt, euch mit uns zu verbinden.

Ich, Atre-i-eus, Kommandant der Friedensflotte, möchte euch hierzu eine kleine Einführung geben …

Wenn ihr UFOs oder nichtmenschliche positive Wesenheiten kontaktieren möchtet, ist es wichtig, dass eure Absicht klar und rein ist, denn alles ist Energie und sie zieht an, was ihr aussendet. Wenn ihr also die Absicht habt, jemandem zu schaden oder etwas Negatives zu tun, werdet ihr Wesenheiten anziehen, die nicht vom Licht sind. Wir legen großen Wert darauf, dass ihr Kontakt zu guten lichtvollen Wesen bekommt. Deshalb bitten wir euch, wenn ihr uns oder andere Wesen ruft, dies in einer klaren positiven Absicht zu tun.

Mit der folgenden Übung gebe ich euch eine Möglichkeit, Kontakt zu unseren plejadischen Lichtschiffen aufzunehmen. Ihr sagt dazu »UFO-Beschwörung«. Wir finden diesen Ausdruck sehr amüsant, denn es geht eigentlich nicht darum, uns zu rufen, sondern eher darum, dass ihr das richtige Energiefeld erzeugt, um uns anzuziehen.

Atre-i-eus sagt, dass wir die folgende Übung allein oder in einer Gruppe machen können. Je mehr Menschen daran teilnehmen, desto stärker wird das Energiefeld und desto leichter wird es für uns, uns mit den Plejadern zu verbinden. Lasst uns also beginnen …

Wie du Kontakt zu einem plejadischen Lichtschiff aufnimmst

Suche dir einen Platz in der Natur, wo du ungestört bist. Vielleicht kennst du einen kleinen Hügel, auf dem du es dir gemütlich machen kannst. Ein guter Zeitpunkt wäre die Dämmerung, denn dann könntest du die Sterne am Himmel erkennen.

Das Erste, was du machen solltest, ist, dich zu entspannen und deinen Geist zu klären. Das kannst du tun, indem du meditierst oder einfach ein paar tiefe Atemzüge machst und deine Aufmerksamkeit auf dein Herz und deine Liebe legst.

Beginne dich auf dein Drittes Auge und dein Herz zu konzentrieren und entspanne dich so weit es geht.

Lass all deine Gedanken ziehen und sei dir des Friedens in deinem Herzen bewusst. Dehne dein Energiefeld und deine Aura so weit wie möglich aus, fühle deine Energie und die Verbindung zu allem, was ist.

Jetzt visualisiere ein helles weißes Licht um dich herum. Dieses weiße Licht ist das Licht der Schöpferkraft, es umgibt und beschützt dich. Visualisiere nun einen Strahl dieses weißen Lichts, der von deinem Kopf in den Himmel aufsteigt. Dieser Lichtstrahl ist deine Verbindung zum Schöpferlicht.

Sprich nun mit deiner inneren Stimme eine Einladung aus und erkläre deine Bereitschaft, die Lichtschiffe und die Plejader zu empfangen.

Schicke eine Freundschaftsanfrage ins Universum zu den Plejaden.

Lasse jede Form von Angst los und verstärke dein Vertrauen.

Stell dir vor, dass dieser Lichtstrahl eines unserer plejadischen Lichtschiffe anzieht. Da wir immer in Erdnähe sind, werden wir schnell kommen und auf deinen Ruf antworten. Wir senden dir Bilder von unserem Lichtschiff. Suche den Himmel danach ab. Empfange die Bilder, die wir dir senden, und visualisiere unser Lichtschiff.

Stelle dir dabei vor, wie es immer näherkommt, bis es direkt über dir ist. Oder, wenn dir das lieber ist, stelle dir vor, wie es in einiger Entfernung sichtbar wird.

Lass dir ein wenig Zeit und verstärke deine Vision mit einem Gebet der Achtsamkeit und Dankbarkeit. Sei voller Freude und positiver Energie. Wir spüren deine Energie und schicken dir ein Zeichen.

Vielleicht siehst du, wie ein Lichtstrahl sich am Himmel bildet, denn wir senden ihn vom Schiff direkt zu dir. Der Lichtstrahl wird dein Innerstes berühren, deine Erinnerungen aktivieren und das Unmögliche möglich machen.

Das, was jetzt geschieht, geschieht genau so, wie du es dir immer gewünscht hast.

Begib dich in den Lichtstrahl hinein und lass geschehen, was geschieht. Lass ab von allen bisherigen Vorstellungen und erlaube dir, dich vollkommen in die Energie des Lichtstrahls fallen zu lassen.

Der Lichtstrahl beginnt zu leuchten und sich zu bewegen. Er dreht sich schnell wie ein Wirbelwind im Kreis und hebt dich an. Du beginnst zu schweben, lässt alles geschehen, was geschieht, denn der Lichtstrahl trägt dich bis ganz zu uns hinauf.

Voller Freude öffnen wir unsere Tür und laden dich ein, uns zu besuchen. Sobald du eintrittst, schließt sich die Tür hinter dir und du bist jetzt in einem unserer Schiffe. Du darfst nun unser Lichtschiff erkunden, schau dich um. Wir haben uns um dich herum versammelt, lächeln dich an, und ich, Atre-i-eus stehe direkt vor dir. Du fühlst meine Energie, und große Freude steigt in dir auf. Nimm dir ein wenig Zeit und atme einmal tief ein und aus, um dich zu entspannen. Dies ist ein großer Moment für uns beide.

Stelle nun deine Fragen, ich oder die anderen werden gerne antworten. Nimm dir dafür ein wenig Zeit und genieße den Kontakt. Genieße deinen Besuch und die lichtvollen Momente, die wir mit dir teilen.

Du kannst so lange bleiben, wie du willst, denn wir können dich zurück zur Erde bringen, wann immer du willst. Sei versichert, dass alles so geschieht, wie du es möchtest.

Wenn du den Kontakt beenden willst, stelle dir einfach vor, dass du wieder auf der Erde an deinem ursprünglichen Platz bist. Es geschieht wie von allein im Moment des Gedankens. Atme ein paar Mal tief durch und sei wieder ganz da.

Atre-i-eus blickt dir jetzt in die Augen. Du spürst, dass gerade etwas Unfassbares geschehen ist. Du erkennst, dass das stimmt, was du die ganze Zeit vermutet hattest. Die außerirdischen Wesen von den Plejaden existieren und sind hier, um dir zu helfen. Sie sind deine Freunde.

Der Anfang einer intensiven Freundschaft

Du hast soeben aktiv Kontakt mit Wesenheiten von den Plejaden aufgenommen. Du hast den ersten Schritt auf einer Reise gemacht, die dein Leben für immer verändern wird, wenn du dies möchtest. Manchmal ist es so, dass die Lichtstrahlen oder energetischen Zeichen einen Tag später immer noch am Himmel erkennbar sind. Das bedeutet, dass die Lichtschiffe der Plejader weiterhin da sind und dich liebevoll begleiten.

Atre-i-eus sagt, es wäre wichtig, die Übung öfter zu wiederholen. Du kannst sie auch mit mehreren Menschen zusammen machen. Je mehr Menschen sich darauf konzentrieren, mit den Plejadern in Kontakt zu treten, desto intensiver wird die Energie sein. Anschließend solltest du deine Erlebnisse aufschreiben und deine Notizen – wenn du die Möglichkeit hast – mit anderen Teilnehmern aus deiner Gruppe vergleichen. Dadurch bekommen bestimmte Erlebnisse eine interessante Bedeutung, die sich nicht durch Zufälle erklären lässt. Diese Erfragungen ergeben oft ein neues Gesamtbild, auf das du so nicht gekommen wärst.

Je nach dem individuellen spirituellen Entwicklungsgrad wird jeder Mensch im Laufe der Übung seine eigene, ganz besondere und persönliche Erfahrung machen.

Übe fleißig!

Je mehr du übst, desto einfacher wird es für dich und desto inniger wird deine Verbindung zu den Plejadern werden. Atre-i-eus sagt, sobald du dich gut an die plejadische Energie gewöhnt hast, werden sie sich dir in ihrem physischen Körper zeigen.

Das ist der Moment, in dem du wirklich weißt, dass alles machbar ist, dass es keine Grenzen gibt für das, was du erreichen kannst. Auf diesen Moment freuen die Plejader sich besonders, denn danach wird es dir möglich sein, länger bei ihnen zu verweilen. Du kannst dich dann auf Lichtschiffen aufhalten oder auf einem ihrer Sterne Schulungen bekommen. Du kannst viele andere Plejader kennenlernen, und sie besuchen dich auch auf der Erde.

Das ist der Beginn einer schönen neuen und interessanten Zeit – einer bedeutenden Zeit.

Es ist die Zeit des Großen Erwachens und der Anfang einer intensiven Freundschaft mit den Plejadern. Und sobald dies der Fall ist, werden die Plejader ein großes Fest für dich geben. Dieses Fest wird im kosmischen Garten beginnen, wo sie dich zu einem besonderen Ort führen werden. An diesem Ort werdet ihr aus dem Kelch der Weisheit trinken und Sunijaila, das goldene Einhorn, wird zu dir sprechen. Es wird dich in die verborgenen Welten deines Bewusstseins führen und du wirst einen weiteren Schritt in deinem Erwachen machen, den du niemals für möglich gehalten hättest.

Du wirst das Festmahl mit den Plejadern teilen und sie servieren dir das köstlichste Essen, das du je gekostet hast. Ein Orchester von den Plejaden spielt himmlische Musik in der Frequenz 528 Hertz, der Frequenz der vollkommenen Liebe, die deine Sinne öffnet und deine Seele berührt. Du wirst mit ihnen tanzen und fröhlich sein.

Wenn du dich heute Nacht schlafen legst, besuche den kosmischen Garten und genieße das Fest. Atre-i-eus lädt dich dorthin ein. Sunijaila, das Lichteinhorn, wird dir die Energie von Liebe und Leichtigkeit bringen. Am nächsten Morgen wirst du erfrischt und verjüngt aufwachen. Die Plejader sagen, dies ist nur ein kleiner Vorgeschmack auf das, was noch folgen wird, wenn du sie öfter besuchen kommst.

Eine Botschaft von Sunijaila, dem Lichteinhorn der Plejaden

Geliebtes Menschenkind, ich begrüße dich voller Freude mit dem Segen des Lichts in der Plejadenenergie. Meine Freude darüber, dass ich mein Wort an dich richten darf, ist so unermesslich groß. Ich bin Sunijaila, das goldene Einhorn der Plejaden, und ich verkörpere die Energie der Liebe und Leichtigkeit. Ich gebe dir meinen Segen, damit dein Weg in Zukunft von Licht und Freude erfüllt sein möge.

Als Lichteinhorn kann ich einen sehr tiefen Kontakt zu deiner Seele aufnehmen. So werde ich, wenn du es erlaubst, für dich da sein, wann immer du mich brauchst, und dir mit Rat und Tat zur Verfügung stehen. Ich werde dich in die verborgenen Tiefen deines Bewusstseins führen. Dort werde ich versteckte Ebenen deiner Seelenweisheit öffnen und dich liebevoll auf deinen Reisen im Universum begleiten.

Ich bin eine Hüterin des Lichts und werde dir helfen, mehr Licht in die Welt zu bringen. Mein Licht trägt die Kraft der Liebe, die dein Herz öffnen und deine Seele berühren wird. Ich

bringe Leichtigkeit und Freude in dein Leben und die Gewissheit, dass alles möglich ist. Ab jetzt begleite ich dich auf deinem Weg und werde dir helfen, deine Träume zu verwirklichen. Der Segen des Lichts begleitet uns beide.

Fühle den goldenen Einhorn-Staub, den ich dir überbringe, und lass dich von ihm einhüllen.

Er glitzert in deinem Seelenlicht und die Sternenwesen werden wissen, dass ich bei dir bin.

Ich bin mit dir im Licht der Liebe, verbunden im wundervollen Licht der Plejaden.

Erneut fließt das Licht des Segens zu dir, wenn ich mich jetzt verabschiede, sagt deine Sunijaila.

16

Das Große Erwachen und die Große Veränderung

Das Große Erwachen und der Große Wandel finden gerade statt. Das Unmögliche wird wahr. Dazu erhielt ich eine Botschaft von Aquajanaa von den Plejaden, die uns auffordert, uns an unsere Verbindung zum Göttlichen zu erinnern. Sie fordert uns auf, unser Herz und unseren Verstand für die Möglichkeit des Wandels zu öffnen und darauf zu vertrauen, dass wir eine bessere Welt für uns selbst und für künftige Generationen erschaffen können.

Verbindung mit dem Göttlichen

Geliebte Lichtmenschen, hier spricht Aquajanaa zu euch. Ich begrüße euch mit dem Segen des Lichts, der sich wie ein schöner Umhang des Schutzes um eure Schultern legt. Ich bringe euch diese letzte Botschaft des kosmischen Wissens, damit ihr euch wieder an eure Verbindung zu allem, was ist, erinnert. Die Zeit des Großen Erwachens und der Großen Veränderung ist gekommen. Was ihr als unmöglich betrachtet habt, geschieht gerade. Öffnet euer Herz und euren Verstand für den Großen Wandel. Ihr werdet aufgefordert, darauf zu vertrauen, dass ihr eine bessere Welt für euch und für künftige Generationen erschaffen dürft. Vertraut auf eure Seele, denn sie sendet Impulse, um euch zu unterstützen.

Ich, Aquajanaa, sage: Erinnert euch, dass ihr die Macht habt, eure Realität zu erschaffen. Ihr Menschen seid nicht machtlos. Ihr seid Mitschöpferinnen und Mitschöpfer des Göttlichen. Die Zeit ist gekommen, sich daran zu erinnern, wer ihr wirklich seid. Ihr seid mächtige Wesen aus Licht und Liebe. Die Zeit ist reif für Wunder in eurer neuen Zeit. Alles, was ihr tun müsst, ist an euch zu glauben, euer Herz zu öffnen und ebenso euren Verstand – für die Möglichkeit der Veränderung. Werdet euch eurer Kraft bewusst und erschafft die Welt, die ihr sehen wollt. Nehmt euren Mut zusammen und offenbart euch.

Wir, die lichten Wesen von den Plejaden, wissen, dass jeder von euch es kann, dass ihr sogar noch viel mehr könnt, als ihr euch vorzustellen wagt. Alle Kraft liegt in euch selbst. Es ist an der Zeit, euch daran zu erinnern, wer ihr wirklich seid. Ihr seid der Schöpfer eurer Realität. Alles, was ihr braucht, liegt in euch. Sucht den Kontakt zu gleichgesinnten Menschen und erschafft mit ihnen ein kraftvolles Energiefeld, das in der Lage ist, die Welt zu verändern. Zusammen seid ihr stark und Wunder geschehen.

Im Moment transformiert ihr lieben Herzensmenschen noch sehr viel der negativen Energien des Kollektivs. Diese Arbeit ist sehr wichtig und wir helfen euch gerne dabei. Es ist eine Arbeit, die getan werden muss, damit das Licht gestärkt wird. Das Licht ist immer stärker als die Dunkelheit und wird durch euer Wirken noch stärker. Haltet durch, auch wenn ihr euch manchmal müde und ausgelaugt fühlt. Am Ende werdet ihr sehen, dass sich die große Mühe mehr als gelohnt hat. Die Ergebnisse werden erstaunlich sein.

Ihr seid nicht allein in dieser intensiven Phase der Transformation. Ihr seid viele, die gemeinsam die Veränderung bringen. Unermessliches wird sich in der kommenden Zeit zeigen. Achtet darauf, was in euch und um euch herum geschieht. Achtet auf eure Träume und intuitiven Einsichten, denn sie weisen euch den Weg. Folgt eurem Herzen und lasst euch von der Liebe erleuchten. Die Phase der Transformation leitet den Übergang in die neue Zeit ein, und auch wenn es einmal beschwerlich werden sollte, wissen wir doch, dass ihr es schafft. Ihr seid eigens für dieses Ereignis auf der Erde inkarniert und habt diese Aufgabe angenommen, weil ihr wusstest, dass ihr stark und mächtig seid. Nur habt ihr es wieder vergessen, als ihr auf die Erde kamt. Jetzt ist es an der Zeit, sich zu erinnern.

Jeder von euch muss sich erinnnern. Auch du musst dich erinnern. Dann weißt du wieder, dass du nicht allein bist auf deiner Reise. Du bist nie allein gewesen. Wir sind immer bei dir gewesen und helfen dir weiterhin, wo wir nur können. Aber letztlich liegt es an dir, was in deinem Leben geschieht und welche Art von Realität du für dich erschaffst. Nutze also deine Macht weise und lasse dich von der Liebe leiten. Es liegt an dir, wie der Übergang stattfindet. Bleibst du in deiner Liebe stark und hast Vertrauen, dass es leicht wird, dann wird es leicht werden. Wenn du Ängste und Zweifel hast, wird es schwieriger sein. Aber wisse, dass wir, was auch geschieht, immer bei dir sind und dass du uns immer um Hilfe bitten kannst. Wir, die Sieben Kosmischen Schwestern, wurden eigens für diese Zeit ausgebildet und unterstützen dich. Vergiss nie: Du bist stark. Du bist mächtig. Du wirst geliebt.

Wir haben Lichtsäulen auf der Erde erschaffen und an Plätzen aufgestellt, wo sie besonders gebraucht werden. Sie sind da, um dir zu helfen und dir Kraft zu geben. Aber sie können ihre Arbeit nur tun, wenn auch du deine Kraft einsetzt. Deshalb bitten wir dich, Licht und Liebe an Orte der Dunkelheit zu senden. Wir wissen, dass das nicht immer leicht für dich ist, aber wir wissen auch, dass du es schaffen wirst. Du trägst all diese Macht in dir und wirst zusammen mit uns immer stärker – mit dir wird das Licht immer stärker!

Wir verbinden uns jetzt mit den Säulen des Lichts und mit all denen, die für unsere Energie offen sind. Wir senden dir Liebe und Licht und wissen, dass wir gemeinsam die Welt verändern können. Alles ist möglich und nichts ist unmöglich.

Das Große Erwachen hat begonnen. Die Große Veränderung findet JETZT statt. Bist du bereit? Wir sind mit dir, immer. Aus den Lichtsäulen strömt die Energie der Reinigung und der Kraft. Empfange die Energie, die dir gut tut. Sie legt sich wie ein schützender Mantel um deine Schultern und verleiht dir die Kraft zu tun, was nötig ist.

Die Energie der Liebe strömt von den Lichtsäulen herbei und berührt dein Herz, erfüllt dich mit Wärme. Sie gibt dir den Mut, deinem Herzen zu folgen und darauf zu vertrauen, dass alles gut wird. JETZT empfängst du die Energie der Transformation. Sie fließt durch dein ganzes Wesen und wäscht dich rein von negativen Energien. Sie baut dich auf und stärkt dich, denn du wirst gerade für den Großen Wandel vorbereitet.

Erlaube dir, dich zu verwandeln. Öffne dich für die neuen Möglichkeiten, die dir zur Verfügung stehen.

Die Zeit ist gekommen, in der du dich erinnern musst, wer du wirklich bist: ein mächtiges Lichtwesen, hier auf der Erde, um den Himmel zu erschaffen.

Das Unmögliche geschieht und mit ihm bricht eine neue Ära an. Du bist gut vorbereitet, um den Wandel anzunehmen. Ich sende dir den Segen des Lichts und meine tiefe Liebe. Wisse, dass du von uns allen unendlich geliebt wirst, sagt Aquajanaa von den Plejaden.

Liebe Herzensmenschen und liebe Lichtfamilie!

Wir sind nun am Ende unserer Reise mit Aquajanaa durch die Welt der Plejaden-Schule angelangt. Danke, dass ihr mich auf diesem unglaublichen Abenteuer begleitet habt. Es war mir eine Ehre und ein Privileg, das kosmische Wissen von den Plejaden und meine Geschichte mit euch zu teilen. Ich bin dankbar, dass es diese Gelegenheit gibt, gemeinsam mit den Plejadern zu lernen und sich weiterzuentwickeln.

Die Plejader teilten mir mit, dass die Plejaden-Schule weiterhin Menschen auf der ganzen Welt erreichen und ihnen helfen wird, sich daran zu erinnern, wer sie sind. Auch sagten sie mir, dass dieses Buch, durch das Aquajanaa uns führte, mit der Lichtenergie der Plejaden aufgeladen ist. Diese Energie verbindet sich mit jedem Menschen, der es liest, und entfaltet ihre Kraft zum höchsten Wohl aller.

Ich bin voller Hoffnung für die Zukunft, denn ich weiß, dass gerade immer mehr Menschen zu ihrer wahren Identität und Bestimmung erwachen. Wir sind alle miteinander verbunden, wir sind alle eins, und gemeinsam können wir eine Welt erschaffen, die erfüllt ist von Liebe, Frieden und Harmonie.

Die Zeit, in der wir uns befinden, ist sehr herausfordernd, aber mit Hilfe der Sieben Kosmischen Schwestern und deren Botschaften werden wir es gemeinsam durchstehen. Es wird immer wieder Hindernisse geben, die sich uns in den Weg stellen. Aber mit Hoffnung in unserem Herzen und der Kraft der Liebe werden wir sie überwinden. Dabei helfen dir Aquajaana und die Übungen in diesem Buch. Sie werden dich immer wieder stärken und neu auf das kosmische Licht der Liebe ausrichten. Sie helfen dir, dich neu zu ordnen und aus jeder nicht ganz so schönen Situation wieder zu lösen. Dabei würde ich mich sehr freuen, wenn du regelmäßig das Lichtwasser der Plejaden trinkst, um mit den Plejadern in Kontakt zu bleiben. Gerade jetzt in diesem Moment, wo ich dies schreibe, nickt mir Aquajanaa zu und sagt: »Trinke das Lichtwasser, es wird dir Kraft und Hoffnung geben. Ich unterstütze dich gerne, bin bei dir und sende dir meine ganze Liebe.«

Diese Worte möchte ich dir ans Herz legen, denn sie bedeuten mir selbst so viel. Weiß ich doch, wie es ist, wenn Aquajanaa bei einem ist, wie es auch für dich ab jetzt der Fall sein wird, denn viele Nächte habe ich mich mit ihr unterhalten und Lichtschulungen von ihr bekommen. Mit ihren Botschaften und Übungen hat sie mein ganzes Leben verändert und mir das Tor in die Galaxis zu unserer Sternenfamilie geöffnet. Ich bin so überaus dankbar, dass ich als Botin und Übersetzerin für unsere Sternenfamilie auserwählt wurde und in dieser Funktion für dich und alle Menschen der Erde wirken darf.

Aquajanaa hat mich gebeten, dich für sie zu umarmen. Bitte vergiss nicht: Du bist nie allein. Das ganze Universum und unsere Sternenfamilie sind bei dir.

Voller Dankbarkeit und Demut verabschiede ich mich jetzt, bis wir uns wiedersehen!

In Liebe und Licht,

Monika Nirijanaa Cardinal

Nachwort:
An alle meine Lieben …

Ich sitze gerade hier an meinem Schreibtisch, das Buch ist vollendet und mein Herz voller Dankbarkeit. Ich möchte mir einen Moment Zeit nehmen, um allen, die in meinem Leben eine Rolle gespielt haben, meine Liebe und Wertschätzung auszudrücken. Ob nah oder fern, bekannt oder unbekannt, ihr alle habt mir geholfen, zu der Person zu werden, die ich heute bin.

Ich danke meinen geistigen Helfern, meiner Sternenfamilie, die mich gerade in der Zeit des Großen Wandels auf der Erde so lichtvoll begleitet haben. Ich danke meiner Seele, dass sie mich meine Aufgabe erkennen ließ und mir die Kraft gab, meinen eigenen Weg zu gehen. Ich danke meinem Herzen, dass es so offen und liebevoll ist. Ich danke meinem Verstand, dass er mir Klarheit und Wahrnehmung schenkt.

Ich danke allen Menschen, die meinen Weg gekreuzt haben, ob sie nun Freunde waren oder nicht, denn sie alle haben auf die eine oder andere Weise zu meinem Wachstum beigetragen.

Und vor allem möchte ich mich bei meiner geliebten Familie bedanken, die so wunderbar zu mir steht und mich in meiner Arbeit stets liebevoll wertschätzt.

Ich danke für alle Erlebnisse, ob gut oder nicht, in meinem Leben, die mich zu dem Menschen gemacht haben, der ich heute bin.

Ich danke dem AMRA Verlag voller Wertschätzung, dass dieses Buch schon den Weg zu so vielen Menschen gefunden hat und mit seinen Botschaften zu einem unschätzbaren Helfer für alle Menschen geworden ist, die auf ihrem eigenen spirituellen Weg sind.

Die Schule der Plejaden

Aquajanaa spricht zu dir: »Erlaube mir, dich mit diesem Lichtsegen zu grüßen, wie es unsere kosmische Familie tun würde. Ihr, die ihr beschlossen habt, die Erde zum Besseren zu verändern, gehört zu jenen, die eine wichtige Aufgabe erhalten. Sie wird euch in der Plejaden-Schule gelehrt! Eure Fähigkeiten und Kenntnisse sind es, die als Bausteine zur Veränderung von etwas Großem beitragen. Es wird alle Arten von Training erfordern, bevor wir beginnen können, mit Energien zu arbeiten, die höher sind als je zuvor an einem Ort oder in einer Zeitperiode auf der Erde … Aber keine Sorge, ich bin bereit (und willens), dies alles mit dir zu teilen. Komm und erkunde mit mir die Wunder der Existenz und lerne eine völlig neue Art kennen, das Leben auf der Erde zu erleben.«

In Liebe und Licht,

Aquajanaa von den Plejaden
erste der sieben Schwestern des Lichts

Die Bewohner der Plejaden sprechen mit euch, die ihr bereit sind, mit dem Herzen zuzuhören, und bringen euch in die Frequenz eines neuen Bewusstseins. Das ist möglich dank des Transformationsgeschehens der heutigen Zeit.

Die Plejader werden plastischer und physischer in Erscheinung treten, als ihr sie je zuvor gespürt habt. All das wird für uns übertragen durch Smaranaa, in Erinnerung daran, dass wir alle Wesen im unendlichen Universum sind, eins miteinander und dem einen Gott zugewandt. Wir sind Seelen mit einer großen Aufgabe – aus diesem einem Grund sind wir hier.

Webinar-Inhalt

- Wir erneuern deine Heilkräfte und verbinden dein Wissen mit dem kosmischen Wissen der Plejaden.
- Du empfängst energetische Werkzeuge und bekommst Zugang zum Lichtwasser der Plejaden.
- Du entdeckst, wer deine Sternenfamilie ist.
- Du erhältst eine Einführung in die Lichtsprache.
- Du erfährst, was deine wichtigsten kosmischen Fertigkeiten sind und wie du sie nutzen kannst.

Wir überreichen dir dein ganz persönliches Heilwasser, aufgeladen mit der magischen Energie der sieben Sterne der Plejaden. Du wirst unterrichtet von Aquajanaa, der Plejaden-Schwester, und lernst ihre Geheimnisse kennen. Wie wir Erdenmenschen sind auch die Plejader von Gott geschaffen und haben das Ziel, uns auf unserem Weg des Aufstiegs zu helfen.

Nach Eingang des Energieausgleichs erhältst du eine eMail mit einem Link. Wenn du darauf klickst, kannst du am Webinar teilnehmen. Das Webinar dauert über drei Stunden und kann nachträglich so oft, wie du möchtest, wiederholt werden. Du erhältst schriftliche Unterlagen mit etwa 40 Seiten in Form eines PDFs, in dem du alles Erlernte nachlesen kannst.

Aquajanaa vermittelt ihr Wissen auf
www.plejaden.gr8.com

Vor einiger Zeit bekam Monika den Auftrag von der geistigen Welt, Menschen zu helfen, die sich in der Spiritualität selbstständig machen möchten, um das Licht der Erde zu unterstützen. Die geistige Welt sagt, je mehr wir sind, desto stärker wird das Licht sein. Monika möchte den Menschen in diesem Programm helfen, ihren Weg in die Freiheit, weg vom Mainstream und hin zur Berufung zu gehen. Dies bietet sie über die Drei Stufen von Smaranaa an, wo du ein Teil des Smaranaa-Projekts werden kannst. So verändern wir gemeinsam die Welt.

Monika Cardinal wurde im Juli im Zeichen des Krebses geboren. Sie war schon immer ein hochsensibler und kreativer Mensch, und als Kind liebte sie es, mit Bäumen zu sprechen und den Sternen zuzuhören. Als sie elf Jahre alt war, wurde sie auf ein Internat geschickt und hatte es schwer, sich anzupassen. In dieser Zeit wurde sie von den Engeln ausgebildet und auf ihre große Aufgabe vorbereitet. Später führten tragische Ereignisse in ihrem Leben sie zu Gottes Liebe und ins spirituelle Erwachen. Fünf Jahre lang lebte sie in England, wo sie verschiedene Aspekte ihrer selbst erforschte. Sie verbrachte Zeit in Stonehenge und erlebte, dass viele Sternenwesen zu ihr sprachen.

Durch den Kontakt mit Wesen des höheren Bewusstseins lernte sie zu channeln, wurde Heilmedium und Bioenergietherapeutin. Sie erhielt Zugang zur Akasha-Chronik und durfte bereits für über 15.000 Menschen in den Büchern des Lebens lesen. In ihren Webinaren der Bewusstseinserweiterung bildete sie mehr als 40.000 Menschen aus und begleitete unzählige Menschen in die Heilung.

Monika liebt die Natur, Tiere und Kinder. In ihrer Freizeit liest und schreibt sie gerne, geht im Wald spazieren und verbringt Zeit mit ihrer Familie. Ihre große Aufgabe ist das Drei-Stufen-Programm von Smaranaa, in dem sie Menschen hilft, sich in der Spiritualität selbstständig zu machen und das Licht auf der Erde zu verstärken. Ihre Arbeit gründet auf dem Wissen, dass wir alle miteinander verbunden und dazu da sind, uns gegenseitig zu helfen. Ihre Herzensvision ist die Gründung eines großen spirituellen REHA-Zentrums, in dem sie Menschen auf körperlicher, geistiger und seelischer Ebene unterstützen kann. Ihr Ziel ist es, so vielen Menschen wie möglich zu helfen, sich an ihre wahre Identität zu erinnern und im Einklang mit sich selbst, der Natur und dem ganzen Kosmos zu leben und auf diese Weise zur Entstehung der Neuen Erde beizutragen.

www.smaranaa.eu
www.youtube.com/c/monikacardinal